t r a n s
p o s i t i o n e n

Werner Hamacher

Andere Schmerzen

diaphanes

ISBN 978-3-0358-0502-4

Satz und Layout: 2edit, Zürich
Druck: Steinmeier, Deiningen

www.diaphanes.net

Inhalt

Der Schmerz des Begriffs, christlich

In einem der berühmten Sätze der Vorrede zur *Phänomenologie des Geistes* charakterisiert Hegel die Bewegung der Erkenntnis polemisch als das Leben Gottes aus seinem Tod. *Das Leben Gottes,* so heißt es dort, *und das göttliche Erkennen mag also wohl als ein Spielen der Liebe mit sich selbst ausgesprochen werden; diese Idee sinkt zur Erbaulichkeit und selbst zur Fadheit herab, wenn der Ernst, der Schmerz die Geduld und Arbeit des Negativen darin fehlt.* (PhG, 24)* Das Leben Gottes wie seine Erkenntnis, die Substanz des Bewusstseins wie ihre Verwirklichung im Subjekt sind in diesem von Hegels Satz zitierten Satz ein Ausgesprochenes und sollen als Selbstbezüglichkeit der Substanz in ihrer Erkenntnis, der Erkenntnis in ihrer Substanz – *als ein Spielen der Liebe mit sich selbst* – ausgesprochen sein. Da dieser Satz indessen selbst die Erkenntnis dieses substanziellen Spiels mit sich zu sein beansprucht, kann er nichts anderes als selber ein Spiel mit jenem Spiel oder ein Spiel zu sein,

---

* Hier und im Folgenden wird Hegel zitiert nach der Ausgabe G.W.F. Hegel, *Werke in zwanzig Bänden,* hg. von Eva Moldenhauer u. Karl Markus Michel, Frankfurt a.M., 1986ff.; Verweise in Siglen wie folgt: PhG – *Phänomenologie des Geistes;* Enz. III – *Enzyklopädie der philosophischen Wissenschaften III;* VPhR II – *Vorlesungen über die Philosophie der Religion II;* VÄ III – *Vorlesungen über die Ästhetik III;* WL II – *Wissenschaft der Logik II.*

das von jenem Spiel gespielt wird, und kann deshalb so wenig Ernst mit ihm machen, dass er keine Erkenntnis der göttlichen Selbstbeziehung, substanzlos und nicht einmal im Ernst ein Spiel ist. Die Aussage von der Selbstbeziehung des Lebens in der Erkenntnis muss also leer bleiben – sie muss, anders als das göttliche Spiel, zur *Fadheit* herabsinken –, wenn sie jene Beziehung nicht als eine solche darstellt, die von der Beziehung der Aussage zur ihr verschieden ist. Die Aussage darf nicht die *ungetrübte Gleichheit und Einheit* (ebd.) mit dem in ihr Ausgesagten behaupten, wenn anders sie die Wahrheit beider darstellen soll. Das Leben muss deshalb als verlorenes – und sei's in der Aussage verlorenes – ausgesprochen werden, Gott als insubstanziell, seine Erkenntnis als Verkennung, damit sich der Satz vom *Spielen der Liebe mit sich selbst* im Satz über diesen Satz bewahrheiten und zum aktuellen Leben der Erkenntnis bringen kann. Wem es nicht ernst ist mit diesem Spiel, der kann es selbst nicht spielen, denn ohne diesen Ernst muss ihm jedes Spiel entweder fremd oder mit ihm gleich und gleichgültig sein.

Das Aussprechen muss sich vom Ausgesprochenen ablösen und seine Scheidung noch vom Sein dieses Ausgesprochenen, des Lebens, Gottes und seiner Erkenntnis vollziehen. Erst die Scheidung zwischen Sein und Bewusstsein eröffnet den Zugang zum einen wie zum anderen. Diese Scheidung ist als Zugang zur Erkenntnis der Sache der Übergang zu ihr; ihr Differenzieren ist Transzendieren. Deren entwickelte Gestalt heißt bei Hegel »Begriff« und

»Geist«; die von ihm genannten Modalitäten der differenziellen Transzendenz heißen *der Ernst, der Schmerz, die Geduld und Arbeit des Negativen.* Kann vom *Ernst* noch gesagt werden, dass er die Haltung oder Leistung eines aktiven Subjekts ist, so ist der *Schmerz* ein *pathos,* eine *passio* und ein Erleidnis, das sich nicht aus der Initiative eines Subjekts herleiten lässt, sondern ihm schlechterdings widerfährt und es allererst zu einem *subjectum* werden lässt, das in *Geduld* und *Arbeit* diesen Schmerz erträgt, ihn aushält und verwandelt. Die Initiative liegt beim Schmerz. Sie geht weder vom Subjekt noch von der Substanz aus, sondern vom Riss, der beide durchquert, sie voneinander scheidet und erst in dieser Scheidung aufeinander und sich selbst bezieht. Der Schmerz ist die nicht-gleichgültige Beziehung schlechthin. Er ist es, der im *Spielen der Liebe mit sich selbst* von Anbeginn zugegen sein muss, wenn es im Ernst ein Spielen und im Ernst eines der Liebe sein soll; der Schmerz ist es, der das Leben Gottes definieren muss, wenn es ein Leben und das Gottes sein soll; er ist es schließlich, der das Aussprechen zum Hinaussprechen eines von ihm Verschiedenen und derart das Sprechen zum Ereignis der Transzendenz ins Gesprochene macht. Bevor noch *vom* Schmerz die Rede sein kann, hat schon der Schmerz gesprochen. Deshalb ist Sprache für Hegel niemals eine monologische Totalität, sondern allein die Bewegung der Entäußerung, Entzweiung und Spaltung in Sprache und Gegensprache, die allein durch die Scheidung, die sie vollzieht, und im Schmerz, dem sie Gestalt gibt, die in ihr Getrennten zusammenhält.

Schmerz ist – sei's sinnliches, epistemisches oder praktisches – Bewusstsein eines Mangels. Der bloßen Beziehung Gottes auf sich, diesem Spiel der Liebe mit sich selbst, mangelt es an diesem Mangel. Der Schmerz komplettiert sie. In Hegels Satz vom Leben Gottes und vom Schmerz des Negativen ist deshalb gesagt, dass der Schmerz ihn spricht, dass er das Leben Gottes und seine Erkenntnis auseinanderspricht und beide erst im Schmerz zu sich selbst und zusammenführt. Er macht das bloße Wort »Gott« zu substanziellem Leben und seine abstrakte Kenntnis zu aktuellem Selbstbewusstsein. Der Schmerz arbeitet. Er ist die produktive Bewegung der Bewahrheitung dessen, was ohne ihn fade Gedanken, leere Worte, indifferentes Dasein bliebe.

Hegels Satz bezieht sich nicht allein auf eins der zentralen Themen der klassischen Philosophie und nicht nur auf seine Methode, sie zu behandeln. Er formuliert programmatisch den Gestus seiner Phänomenologie, die er nicht als Philosophie, nicht als bloße Liebe zum Wissen und seinem Wesen, sondern als harte Wissenschaft der Erfahrung des Bewusstseins und als Bewusstsein vom Schmerz des Bewusstseins versteht und betreibt. Er hebt an der Struktur des Schmerzes zunächst dreierlei hervor:

Zum einen ist der Schmerz nicht die bloß zufällige und prinzipiell vermeidbare Empfindung eines bereits konstituierten Lebewesens, das einen Mangel, eine Einschränkung, Beraubung oder Beschädigung verspürt; Schmerz ist vielmehr, was jeder Konstitution eines Lebewesens vorausgeht, sie determiniert und zu einer Wirklichkeit macht.

Er ist keine äußerliche Affektion, keine Empfindung an Nervenenden und kein innerliches Gefühl eines Organismus, ohne zunächst diejenige Erfahrung zu sein, in der sich ein Inneres von einem Äußeren abtrennt, ein Lebendiges von einem Toten löst und etwas, das ist, von dem sondert, das nicht ist. Schmerz ist somit keine Erfahrung innerhalb eines fest umrissenen Horizonts der Biologie, der Physiologie, der individuellen oder kollektiven Psychologie oder einer vergleichbaren regionalen Logik, sondern die Erfahrung eines Risses, der eine Grenze zwischen Leben und Tod zieht und damit allererst den *horos* und das *telos* bestimmt, an dem Etwas zu ihm selbst wird. Wenn jedes Sein Sein aus seiner Grenze ist, dann ist ein jedes Sein aus Schmerz. Schmerz ist mithin eine proto-ontologische und proto-logische Erfahrung des Seins *an* dem und *aus* dem, was es nicht mehr, noch nicht oder nie jemals ist. Schmerz ist für Hegel kein wissenschaftliches oder philosophisches Objekt, das unter den klinischen Bedingungen eines Denklaboratoriums inspiziert werden könnte. Er ist selbst die Bedingung jeder Wissenschaft, die ihn zum Thema macht, und muss deshalb zum Thema jeder Wissenschaft werden, die sich ihrer selbst zu vergewissern und Wissenschaft des Selbst-Bewusstseins zu sein sucht.

Zum Zweiten hebt Hegel hervor, dass Schmerz die Bewegung zur Sprache und durch die Sprache zum Bewusstsein ist. Diese Bewegung, ob Sog, Stoß oder Trieb, muss für Hegel alles, was Gegenstand oder Gestalt eines Wissens ist, durchziehen, denn wie die kontrakteste Materie muss noch die prägnanteste Idee vom Schmerz bewegt worden sein, bevor sie zur Anschauung, zur Vorstellung und weiterhin zum Begriff werden kann. Schmerz ist die Bewegung des Sprachlosen zur Sprache, des Bewusstlosen zum Bewusstsein. Und zwar *in* jeder Sprache die Bewegung des Sprachlosen *zur* Sprache, und in jedem Bewusstsein die Bewegung des Bewusstlosen und unzureichend Bewussten zum Bewusstsein aller Implikationen des Bewusstseins und schließlich zum in sich artikulierten Selbst-Bewusstsein. Wenn Sprache das Sich-Aussprechen von Schmerz ist, dann kann die Sprache sich selbst nur sprechen, indem sie der Schmerz über den Schmerz ist, sich darin selber als Schmerz erfasst, sich selber als Schmerz erduldet und in ihrer Erduldung bewahrt. Sprache kann deshalb nicht nur Schmerz, sie muss zugleich der Gegen-Schmerz sein, in dem sie sich *als* Schmerz benennt, erträgt und bewahrt. Erst der Schmerz *als* Schmerz wäre der *aufgehobene* Schmerz; er wäre der Schmerz des Begriffs ausschließlich im Begriff des Schmerzes. Die Differenz zwischen diesen beiden – die Differenz zwischen dem Schmerz, aus dem der Begriff resultiert, und dem Begriff, der den Schmerz *als solchen* und darin sich selber begreift – ist die Dimension, die Hegels Denken durchzuarbeiten versucht. Die Frage, selber eine Gestalt des Schmerzes, die sich mit dieser Dimension verbindet, müsste lauten: Welcher *bestimmte* Schmerz ist es, der *als solcher* in der Sprache und im Begriff erfasst und aufgehoben werden kann? Und diese Frage müsste präzisiert werden durch die weitere: In einer wie bestimmten

Sprache und in welchem Begriff von »Begriff« kann dieser bestimmte Schmerz aufgehoben werden?

Zum Dritten ist Schmerz für Hegel das wirkliche Geschehen, die wirkliche Geschichte des Werdens der Wirklichkeit. In Hegels Phänomenologie des Schmerzes werden nicht die Bedingungen seiner Möglichkeit untersucht, sondern die Struktur seiner Erscheinung als einer unmittelbar sich vermittelnden Wirklichkeit des sinnlichen, kognitiven und praktischen Bewusstseins. Seine Phänomenologie ist keine transzendentale, sie ist eine spekulative Phänomenologie der effektiven Erleidnisse und Taten des Bewusstseins und kann nur als spekulative die Frage nach den Bedingungen der Möglichkeit des Schmerzes, des erlittenen wie des zugefügten, beantworten. Diese Bedingungen liegen, mit einem Wort, im Schmerz selbst, wie er *für* das Bewusstsein und *als* Schmerz-Bewusstsein wirklich erscheint. Möglichkeiten sind, sofern sie bloße Möglichkeiten bleiben, ihrerseits Wirklichkeiten vermöge des Schmerzes, den ihr Mangel an Wirklichkeit auslöst. Schmerz ist Schmerz des Übergangs von einer Wirklichkeit in eine andere. Dieser Übergang ist für Hegel ein durchgängiger Übergang, der prinzipiell an keiner Stelle aussetzen kann, weil jede nur den Zugang zu einer nächsten eröffnet. Dass der Schmerz Bewegung der Vermittlung – und zuletzt Vermittlung dieser Vermittlung selbst – ist, gilt insbesondere für den Übergang zwischen Leib und Geist. In seinen Überlegungen zu einer *philosophischen Anthropologie* nennt er den Bereich dieses Übergangs *Empfindung* und das *bewußtlose Bezogen-*

werden der äußeren Empfindung auf das geistige Innere fasst er als *Stimmung*. Sie ist *etwas Anthropologisches* dadurch, dass sie etwas *noch nicht mit vollem Bewußtsein Gewußtes* ist. (Enz. III, § 401, Zusatz, 107) Ihre Untersuchung, besonders die Erforschung ihrer Extreme, des übermächtigen Schmerzes und der *zu großen plötzlichen Freude*, die beide zu einem *schneidenden Widerspruch*, zu Tod und Verrücktheit führen (ebd., 111), fällt zwar einer *eigentümlichen Wissenschaft, einer psychischen Physiologie* zu (ebd., 101), ist aber als anthropologische Untersuchung in letzter Instanz die Aufgabe der Philosophie des Geistes. Ihr stellen sich Empfindungen, Stimmungen und *noch nicht mit vollem Bewußtsein Gewußtes* als Verleiblichungen des Selbstbewusstseins in seinem Übergang in sich selbst dar. Schmerz ist wesentlich Übergang ins Bewusstsein. Er ist deshalb nicht nur ein Phänomen in der Reihe anderer Phänomene, sondern das Phänomen der Phänomenalisierung schlechthin. In ihm erscheint nicht bloß eine besondere Wirklichkeit oder Wirklichkeitsreihe, sondern die Erwirkung des Wirklichen. Schmerz ist die Bahnung des Wegs der Erfahrung, weil er *noch nicht mit vollem Bewußtsein* schon *Gewußtes* und schon auf der Suche nach einem Bewusstsein ist, in dem er gestillt werden könnte. Schmerz ist Schmerz gegen den Schmerz. Er ist, wie Hegel es ausdrückt, die negative Bewegung gegen sich als Bewegung der Negation.

Da nun der Schmerz – oder, nach seinem spekulativ-ontologischen Namen, die »Negativität« – die Struktur einer Erfahrung ausmacht, die allein in ihrem Vollzug wirklich ist, kann er sich als Schmerz, der nicht nur *für* das Bewusstsein, sondern *vom* Bewusstsein ausgehender Schmerz für das Bewusstsein ist, erst in einer bestimmten historischen und lokalen Wirklichkeit explizit werden. Die geschichtszeitliche Wendung des Bewusstseins zu sich, sein Zu-sich-Kommen kann erst dort Wirklichkeit werden, wo es als Bewusstsein von einem feindlich ihm gegenüberstehenden Bewusstsein hervortritt und sich in jenem anderen Bewusstsein nicht als es selbst erkennt. Im Skeptizismus begegnet es sich als eine Reihe von Vorurteilen, Gewohnheiten und changierenden Einstellungen, die eine gesicherte Gegenstandserkenntnis ebenso hintertreiben wie eine verlässliche Stellung des Instruments dieser Erkenntnis. Skeptisches Bewusstsein ist nicht das Denken seiner Einheit mit sich, sondern der Verdacht, es werde in jeder seiner Bewegungen von Mächten desorientiert, deren Macht ihm zugleich zweifelhaft sein muss. In derjenigen Epoche ihres historischen Gangs, die von der Skepsis charakterisiert ist, hat die Erkenntnis weder an dem von ihr Erkannten noch an sich selbst einen Anhalt; sie muss auf sich selber verzichten und sagen, dass sie es tut. Hegel kann deshalb schreiben, das skeptische Bewusstsein *spricht das absolute Verschwinden aus, aber das Aussprechen i s t , und dies Bewußtsein ist das ausgesprochne Verschwinden;* [...] *Sein Tun und seine Worte widersprechen sich immer, und ebenso hat es selbst das gedoppelte widersprechende Bewußtsein der Unwandelbarkeit und Gleichheit und der völligen Zufälligkeit und Ungleichheit mit sich.* (PhG, 162) Das Bewusstsein erfährt sich also in seiner Skepsis als ein Bewusstsein von sich als einem Verschiedenen, Verschwundenen und Toten, in dem es seiner selbst nicht habhaft werden, von dem es sich aber auch nicht lösen kann, und das es deshalb als ein *in* ihm *von* ihm Verschiedenes und als seinen eigenen Tod aussprechen muss. Es *ist* tatsächlich allein *als* das Aussprechen seiner selbst als Tod, als ein *Aus*sprechen, das ein Zu-Ende- und Zu-Tode-Sprechen seines Sprechens selbst und deswegen eine *bewußtlose Faselei* (ebd.) ist. Da es aber *in* diesem Aussprechen seine bewusstlose Faselei und damit seinen eigenen Tod überlebt, ist das skeptische Bewusstsein, ohne sich dessen inne zu sein, schon in eine *neue Gestalt* übergegangen, in der es nicht nur von sich verschieden *ist*, sondern sich als von sich verschiedenes auch *weiß* – es geht über in das *unglückliche Bewußtsein*, immer nur das sagen zu können, was es nicht tut, und immer nur das tun zu können, was es nicht sagt. Das *unglückliche Bewußtsein* kann nur wissen, dass es nicht weiß, und kann sich, sein Bewusstsein, nur als ein Nichtwissen wissen. Es ist *Selbst*bewusstsein, aber weiß sein Selbst – und darin liegt sein Unglück – nur als ein Nichtiges, oder weiß dieses Selbst als sein unerschütterliches Wesen, vor dessen Stetigkeit sein Wissen in absoluter Unruhe zerfällt.

Die Erfahrung, von sich selbst sagen zu müssen, dass es ein *in* ihm *von* ihm Verschiedenes und Abgeschiedenes, ein entleertes *Gerede* (PhG, 162) und tot ist; diese Erfahrung des nicht mehr bloß skeptisch sich selbst sehenden, sondern unglücklich sich als nichtig erkennenden Bewusstseins nennt Hegel *Schmerz.* Er schreibt: *Das Bewußtsein des Lebens, seines Daseins und Tuns ist nur der Schmerz über dieses Dasein und Tun, denn es hat darin nur das Bewußtsein seines Gegenteils, als des Wesens, und der eigenen Nichtigkeit.* (PhG, 164f.) Das unglückliche Bewusstsein und damit die erste welthistorische Gestalt des Selbstbewusstseins, so sagt Hegel hiermit, ist Schmerz. Es ist nicht Bewusstsein *vom* Schmerz als einer Sinnesempfindung, die als bloß äußerliche und zufällige von diesem Bewusstsein unterschieden wäre, und nicht Bewusstsein *vom* Schmerz als einem Gegenstand, der seine Erkenntnis hervorrufen, bestimmen, affizieren würde; der Schmerz, von dem Hegel redet, trifft das Bewusstsein auch nicht als welthistorischer Unfall oder als ein Unglück, das sich hätte vermeiden lassen, wenn das Bewusstsein nur ruhig bei sich selbst geblieben wäre und die Fährnisse seiner Selbstbefragung gemieden hätte. Das Bewusstsein, das schon als Bewusstsein *vom* Schmerz Bewusstsein *des* Schmerzes und Bewusstsein *aus* diesem Schmerz sein muss, weil es nur dann Bewusstsein zu sein vermag, wenn es sich aus Anderem – aus anderem als diesem Bewusstsein – bestimmen lässt; dies Bewusstsein muss *a fortiori* ein Bewusstsein *in* Schmerzen sein, wenn dieses Andere explizit zum entscheidenden Moment seiner eigenen Struktur, wenn es ihm immanenter, irreduzibler und notwendiger Schmerz geworden ist. Indem das Bewusstsein sich also auf sich als unstetiges und nichtiges Bewusstsein bezieht, kann es diese Beziehung nur als Zerreißung dieser Beziehung und sich selbst nur als

Riss von sich erfahren. Bewusstsein erweist sich also in der Realisierung der Beziehung, die es ist, diese Beziehung als Riss zu sein. Seine Selbsterwirkung ist Selbstentwirkung, sein Selbstbezug Selbstentzug. Nichts als Differenz, ist es nicht Bewusstsein *von* einem Schmerz, der ihm von Außen zustieße und flüchtige oder heilbare Empfindung wäre, sondern selber der Stoß, der Schlag, der Riss, der es auseinandertreibt. Bewusstsein *ist* in dieser Epoche in der Weise, dass es *reißt*. Es reißt als das, was durch und durch Schmerz ist, sich auseinander und nur in diesem Auseinander zusammen.

Bewusstsein in seiner Wahrheit als Selbstbewusstsein *ist* Schmerz. Dass es Schmerz ist, besagt aber, dass es nicht bleiben kann. Im Schmerz kommt nicht eine Differenz zur Erfahrung, die stabil, ausgewogen oder in sich harmonisch wäre, sondern nur eine solche, die von ihrem Riss noch selbst fortgerissen ist. Er ist die Erfahrung einer Differenz, die im Begriff ist, über sich hinauszugehen. Dass das Bewusstsein im Schmerz transzendierende Differenz ist, macht Hegels Satz mit einem unauffälligen, aber signifikanten Relationspartikel deutlich. *Das Bewußtsein* […] *seines Daseins ist nur der Schmerz über dieses Dasein* […], besagt in dem Syntagma *Schmerz über dieses Dasein*, dass der Schmerz selbst über sein eigenes Dasein im Bewusstsein und somit auch über dieses Bewusstsein selber hinausgeht. Deshalb kann Hegel im folgenden Satz kommentieren: *Es geht in die Erhebung hieraus zum Unwandelbaren über.* (PhG, 165) Im Schmerz erfährt das Bewusstsein seine

Haltlosigkeit, aber es erfährt sie in der Weise, dass es bloß *seine* Erfahrung seiner Haltlosigkeit, dass es aber eben deshalb darüber hinaus die Erfahrung eines Unwandelbaren jenseits der absoluten Unruhe seiner Verschiedenheit von sich ist. Der Schmerz erhebt sich über den Schmerz und versteht sich als diese Erhebung: *Aber diese Erhebung ist selbst dies Bewußtsein*, so fährt Hegel fort und charakterisiert damit den Schmerz über dieses Dasein des Bewusstseins als Transzendieren des Schmerzes über den Schmerz, als eine Erhebung, die Aufhebung, als eine Aufhebung, die Übersteigung und Bewahrung des Schmerzes in seiner differenten Beziehung auf sich ist. Der Schmerz erhebt sich über den Schmerz und hebt sich in dieser Erhebung über sich selber auf und erhält sich in dieser Erhebung.

Mit dieser entscheidenden Bewegung aus Erhebung und Erhaltung sind die Elemente gewonnen, um aus der absoluten Krisis des unglücklichen Bewusstseins in eine neue, eine ›versöhnte‹ Gestalt des Selbstbewusstseins zu treten. Der Schmerz hält sich aus, indem er selbst es ist, der sich als die Erhebung über sein bloßes Dasein von sich absolviert. Schmerz ist das Schema der Absolvenz, der Absolution und der Absolvierung des Schmerzes vom Schmerz. Diese Selbstaufhebung des Schmerz-Bewusstseins verbindet nämlich die Einsicht in die zufällige Einzelheit eines Bewusstseins mit der Einsicht in die Stetigkeit des Gedankens einer substanziellen Allgemeinheit und stellt derart einen unauflöslichem Zusammenhang der Haltlosigkeit des Endlichen mit ihrem Halt an einer Idee, einem

Ideal, einer kardinalen Tugend, sei's der *apatheia* oder der Ataraxie, einem unendlichen Gut her. Da diese Verbindung zwischen dem einzelnen Bewusstsein und der universellen Allgemeinheit als strukturelle Notwendigkeit sowohl im skeptischen wie im stoischen Bewusstsein erfahren wird, kann es nicht ausbleiben, dass diese Verbindung in einer einzigen konkreten Versöhnung von Subjekt und Substanz ihre historische Realisierung findet.

Für Hegel ist diese Einheit von Subjekt und Substanz in einem einzelnen daseienden Selbstbewusstsein Jesus. Nicht mehr in dem Kapitel über das Selbstbewusstsein, sondern in dem über die »offenbare Religion« schreibt er von der römischen Welt der abstrakten Rechtsperson, die nach dem Untergang der griechischen Kunstreligion in der Komödie übriggeblieben ist: *Diese Formen, die* Welt *der* Person *und des Rechts, die verwüstende Wildheit der freigelassenen Elemente des Inhalts, ebenso die* gedachte *Person des Stoizismus und die haltlose Unruhe des skeptischen Bewußtseins, machen die Peripherie der Gestalten aus, welche erwartend und drängend um die Geburtsstätte des als Selbstbewußtsein werdenden Geistes umherstehen; der alle durchdringende Schmerz und Sehnsucht des unglücklichen Selbstbewußtseins ist ihr Mittelpunkt und das gemeinschaftliche Geburtswehe seines Hervorgangs, – die Einfachheit des reinen Begriffs, der jene Gestalten als seine Momente enthält.* (PhG, 549) Der Schmerz, so ist damit gesagt, ist Mittelpunkt der skeptischen und der stoischen Gestalten des Bewusstseins, der Mittelpunkt und die Mitte zwischen den von jeder Kategorie entbundenen Elementen des Denkens und der Sinnlichkeit, die sich deshalb in dem, was Hegel *verwüstende Wildheit* nennt, verlaufen, und der Ataraxie des stoischen Bewusstseins, das dieser Verwüstung gegenüber seine maskenhafte Indifferenz wahrt. Der Schmerz ist der Mittelpunkt beider, weil einerseits der Gleichmut des Bewusstseins vergebens nach einem gegenständlichen Korrelat verlangen muss, andererseits die Gegenstands- und Denkformen, skeptisch gesichtet, keinen Halt an einem Fundament finden können, an dessen Möglichkeit sie dennoch orientiert bleiben müssen. Die skeptische Verwüstung und die leere Maske der stoischen Person sind für Hegel nicht etwa zwei Weisen, das korrekte Denken zu verfehlen, sondern zwei Weisen ihre Nicht-Koinzidenz mit sich selbst und miteinander zu verfehlen. Ihre Mitte und ihre Vermittlung ist kein von Außen hinzugekommenes Drittes, das als salvatorische Macht ihren Zwist lösen könnte; die Mitte und Vermittlung, die *Er*mittelung und Offenlegung ihrer besonderen Wahrheiten ist die eine Wahrheit, dass sie der Schmerz des Vermissens ihrer Wahrheit sind. Nur dieser Schmerz des Vermissens der Wahrheit ist die beiden gemeinsame Wahrheit; nur in der Artikulation dieses Schmerzes wird diese Wahrheit der Wahrheitslosigkeit offenbar; und nur darin, dass dieser Schmerz der intellektuellen und der Rechtswelt, der politischen und religiösen Welt als hier und jetzt akut da-seiender, zugleich singulärer und universeller, leiblicher und geistiger Schmerz hervortritt, treten die stoische Maske des Selbst und die skeptische Verwüstung in ihre eigene Mitte, werden sich ihrer selbst als des Leidens des gedoppelten Selbstbewusstseins inne, werden sich ihrer Selbstentäußerung inne, indem sie sie in eine selbst äußerliche, aber in sich reflektierte, an und für sich einige und einzige Gestalt zusammenziehen. Dieser einzige Stich und Skandal, dieser Schmerz, in dem sich die zerrissene Gesamtheit der Erfahrungswelt kontrahiert, ist, wie Hegels Satz ihn beschreibt, *das gemeinschaftliche Geburtswehe seines* (des Selbstbewusstseins) *Hervorgangs*, ist somit der Schmerz seines Transzendierens in eine offenbare Gestalt, und ist als die Gestalt dieses Offenbarens Jesus. Das in ihm Geborene und Ausgetragene ist nichts anderes als das Gebären, die Austragung und Offenbarung selbst, es ist die Offenbarung des offenbarenden, des phänomenalisierenden und realisierenden Schmerzes. Dieser Schmerz ist *die Einfachheit des reinen Begriffs*. Dass in Jesus – diesem christlichen Messias – die Offenbarung selbst und dass sie als Schmerz offenbart wird, besagt vor allem, dass in ihm keine für sich bestehende transzendente Substanz sich verkörpert, die sich der anthropomorphen Sinnlichkeit einbilden würde. Was in Christus Gestalt annimmt, ist der *Hervorgang* der Gestalt, die aktive Differenz von Gestaltlosigkeit zur Gestalt, der Unterschied zwischen skeptischer Auflösung und stoischer Starre, Vergängnis und Unwandelbarkeit. Christus ist die Einfachheit des reinen Transzendierens als Gestalt; der Schmerz *selbst* in Person.

Deshalb muss von ihm gesagt werden, er sei nicht etwa die Offenbarung eines Anderen, sondern das Geschehen des Offenbarens selbst. In diesem Sinn kann Hegel in der Enzyklopädie schreiben: *durch seine Offenbarung offenbart folglich der Geist* [...] *seine Selbstoffenbarung* (Enz. III, § 383, 28), und in den späten *Vorlesungen über die Philosophie der Religion* von Gott sagen, er offenbare ebendies, dass er dies Offenbaren seiner ist. (VPhR II, 193f.) In diesem *Hervorgang* Christi wird nichts anderes als der *Hervorgang* des Hervorgehens selbst offenbar. Er ist deshalb nicht allein die Geburt der Menschlichkeit eines Menschen, sondern die Geburt der Göttlichkeit Gottes, die in nichts als seinem Sich-Hervorbringen, Sich-Austragen, Sich-Gebären und -Offenbaren beruht. In Christus wird nicht ein Gott unter anderen Göttern geboren, in ihm wird auch nicht die Verborgenheit eines, und sei es des höchsten Gottes in seine Offenbarkeit verwandelt oder partiell in einer irgendwie approximativen und sich selbst noch teilweise verhüllten Gestalt modifiziert, sondern die Gottheit Gottes und darin Gott *selbst* zeigt sich in Christus als bloßes Sich-Zeigen, Hervortreten der Phänomenalisierung überhaupt als eines singulären Phänomens für ein Bewusstsein, Anwesen für Anderes, das seinerseits zur Gänze für Anderes und erst darin An-sich ist: Parusie nicht einer an sich haltenden *ousia*, sondern Parusie der Parusie selbst, Absolutum der Absolution. Christus als dieser *Hervorgang* in sich selbst gedacht und erfahren, ist die Einheit des absolventen Transzendierens und Reszendierens als der eigentlichen, der schlechthin sich übereignenden und sui-appropriativen Bewegung zwischen Subjekt und Substanz, in dem die Menschlichkeit dieses Einzelnen absolut göttlich, die Gottheit Gottes ohne die mindeste Einschränkung Menschlichkeit ist.

In Christus und als er wird der erste, der einzige und der letzte Gott geboren. Als *Hervorgang* und Absolvenz, Trennung im Transzendieren ist dieser – dieser in seiner Gottheit einzige – Gott ganz und gar Schmerz, weiß sich zugleich als dieser Schmerz und ist der in seiner absoluten Einzelnheit gewusste Schmerz, weiß darin die Einzigkeit des Schmerzes in der Form des Begriffs, der ihn zum universellen und somit substanziellen Schmerz ausdehnt, und erhebt sich als selbstbewusster Schmerz des Schmerzes zum mit sich einigen, zum ertragenen und begriffenen Schmerz. Der Schmerz der Welt – und das heißt zunächst der skeptischen und stoischen Welt, die hierin zum ersten Mal *als* Welt und als *eine* erfahren wird –, dieser Schmerz wird in Christus zum begriffenen, zum fleischlichen und gewussten Schmerz einer einzigen Person, zum gestalteten Schmerz und in der Gestalt des Selbstbewusstseins festgehaltenen, ausgehaltenen, bewahrten und aufgehobenen Schmerz.

Der Schmerz des Gottes, der sich als dieser Gott weiß, ist Freude. Hegel spricht von dieser Transsubstantiation des Schmerzes zum ersten Mal im Abschnitt nach der Charakterisierung des unglücklichen Bewusstseins als *Schmerz über dieses Dasein* seines Bewusstseins, wenn er schreibt:

indem das andre (das Unwandelbare) *eine Gestalt der Einzelheit wie es selbst* (die Einzelheit) *ist, so wird es* […] *zum Geiste, hat sich selbst darin zu finden die Freude, und wird sich seine Einzelheit mit dem Allgemeinen versöhnt zu sein bewußt.* (PhG, 165) Dieselbe Struktur des Sich-Findens, Sich-Anschauens und der Rückkehr zu sich in einem Anderen bestimmt die Rede von der Freude in der Darstellung der offenbaren Religion: *Die Hoffnungen und Erwartungen der vorhergehenden Welt* (die zuvor charakterisiert worden waren als *der alle durchdringende Schmerz und Sehnsucht des unglücklichen Selbstbewußtseins*) *drängten sich allein auf diese Offenbarung hin, anzuschauen, was das absolute Wesen ist, und sich selbst in ihm zu finden; diese Freude wird dem Selbstbewußtsein und ergreift die ganze Welt, im absoluten Wesen sich zu schauen,* […] (PhG, 554) Freude ist, wie Hegel sie hier denkt, keine Emotion, die von allen anderen isoliert jemanden ergreifen und erheben könnte; am wenigsten ist sie vom Schmerz und der darin verspürten Trennung getrennt. In der Freude findet sich vielmehr der Schmerz, und sie *ist* nichts anderes als das sich selbst und sich als ein Selbst Finden des Schmerzes. Freude, und *a fortiori* die Freude der Welt, ist nicht der überwundene, sondern der angenommene, festgehaltene und aufgehobene Schmerz. *Der Schmerz,* so schreibt Hegel in den *Vorlesungen über die Philosophie der Religion*, *den das Endliche in dieser seiner Aufhebung empfindet, schmerzt nicht, da es sich dadurch zum Moment in dem Prozeß des Göttlichen erhebt.* Und zur Besiegelung dieses Gedankens zitiert er zwei

Verse aus Goethes *West-östlichem Divan*: *Sollte jene Qual uns quälen, / da sie unsre Lust vermehrt?* (VPhR II, 273f.) Der Schmerz, der *nicht* schmerzt, ist nur derjenige, der sich in einem anderen Schmerz oder dem Schmerz eines Anderen wiedererkennt, sich in dieser Erkenntnis eine Fassung gibt, sich begreift, sich selbst enthält und in dieser Haltung sich aufhebt. Nur so ist er er selbst, ganzer und alternativloser Schmerz der Existenz des Selbstbewusstseins; nur so, als im Anderen bewahrter, findet er seine Wahrheit; nur spekulativ sich selbst begreifend ist er absoluter Schmerz und zugleich das Andere seiner selbst: Er ist Freude. Lust, Freude und Heiterkeit sind keine Gegensätze zum Schmerz, sie sind dessen Inbegriffe, weil sie nichts anderes als die immanente Andersheit in der Absolutheit des Schmerzes selbst sind. Dass noch die Freude der Erlösung vom Schmerz eine Freude *aus* diesem Schmerz ist, charakterisiert Hegels Phänomenologie des Schmerzes, der Arbeit und Negativität des Begriffs als eine Philosophie der absoluten Algoalgie. Lautere Spekulation im Schmerz, Läuterung des Schmerzes in seiner Absolution, ist seine Onto-theo-logie, spekulative Onto-theo-algie.

Die Absolutierung des Schmerzes gelangt in der sinnlichen Erscheinung des unsinnlichen Geistes auf ihre Spitze; aber sie gelangt nur auf die Spitze des einzelnen, einzigen und in seiner Einzigkeit ausschließlichen Dieses, das Hier und Jetzt ist, und als hier und jetzt seiend, für die sinnliche Gewissheit, jetzt schon nicht mehr und schon nicht mehr hier und ein Anderes als Dieses ist. Die Vermittlung zwischen dem Schmerz des skeptischen und des stoischen Bewusstseins, zwischen Verwüstung und leerer Person zum substanziellen Schmerz des daseienden Selbstbewusstseins kann keine andere als nur eine Vermittlung in der Unmittelbarkeit sein. Ihre Mitte muss deshalb so lange unwahr bleiben, wie sich an ihr nicht auch diejenige Bewegung darstellt, durch die sie allererst unmittelbare Mitte hat werden können: die Bewegung der Trennung von aller unmittelbaren Gewissheit, und durch die allein sie unmittelbare Mitte bleiben kann: die Bewegung der Trennung, in der sie für das Selbstbewusstsein aufbewahrt bleiben kann. Die Mitte der Unmittelbarkeit, kurzum, muss sich auflösen, um sich ausdehnen und universalisieren zu können; die Einzigkeit des Dieses muss verschwinden, um seiner Verallgemeinerung Raum zu geben; der gegenwärtige Gott muss, wie jedes Jetzt und Hier, vergehen, und der göttliche Mensch, der offenbare Gott muss jetzt und hier schon gestorben sein. Dass die Substanz sich in einem einzigen historischen Augenblick, einem einzelnen Selbstbewusstsein, in der leib-geistigen Einheit eines Gottmenschen wirklich gegenwärtig ist, besagt: Gott ist tot.

Gott ist tot, nicht weil er in eine ihm unangemessene Erscheinung getreten wäre und sie wieder hätte ablegen müssen wie ein falsches Kostüm; Gott ist nicht deshalb tot, weil er im Dasein eines Menschen nur sein eigenes mächtigeres Dasein hätte andeuten wollen, um sich sodann aus seiner Erscheinung und seinem darin angezeigten Begriff wieder in die alte Sicherheit eines *deus absconditus* zurückzuziehen; Gott ist schließlich nicht etwa deshalb tot, weil die Bewusstseinsstruktur insgesamt, will heißen: die Struktur des Bewusstseins, wie es sich in leiblicher Gestalt verwirklicht, nicht ausreichte, um seine Göttlichkeit zu fassen. Tot ist Gott aus keinem dieser Gründe, denn jeder von ihnen unterstellt, Gott sei für das Bewusstsein unzugänglich oder er sei nicht seiner selbst bewusster Geist, sei aber zugleich, obzwar unbegreiflich und ohne Begriff von sich, in irgendeiner Weise etwas, das ist. Mit derartigen Erklärungen wird nur an der Begriffsfähigkeit der Erklärer und am begrifflosen und also widersprüchlichen Dasein Gottes festgehalten, von dem doch erklärt werden sollte, dass er tot ist. All diese Deutungen des Todes Gottes fallen in die wirre Position des stoisch-skeptischen oder unglücklichen Bewusstseins zurück, das die Erfahrung dieses – seines eigenen – Bewusstseins von sich fernzuhalten versucht und sich deshalb weigert, die Erfahrung des Todes und die Gottes, in ihr aber die Erfahrung des Erfahrens selbst, die Erfahrung des Schmerzes explizit zu vollziehen.

Hegel macht dagegen deutlich: Weil Gott Implikat jedes Bewusstseins ist und in einer bestimmten Weise – einzig in ihr und in ihr als Einzelner und als einziger Einzelner – wirklich daseiendes Bewusstsein sein muss, deshalb ist Gott nicht nur notwendig wirklich, sondern auch notwendig und wirklich tot. Bewusster Geist kann *für* bewussten Geist und *als* dieser nur in der Weise wirklich sein, dass er mit diesem Bewusstsein zugleich den Verlust seines Inhalts und Gegenstandes, in ihnen aber den Verlust seiner Substanz und also den Verlust seiner selbst erfährt. Bewusstsein liegt allein im aktuellen Vollzug des Wissens; aber um Etwas – und sei dieses Etwas es selbst – wissen zu können, muss es sich im Prozess seines Wissens in Gewusstes und Wissendes scheiden, muss sich von sich verabschieden und sich als von sich Verschiedenes und, *in extremis*, als Totes wissen. Zur Mikrostruktur des Bewusstseins gehört also nicht nur, dass es Wissen *vom* Wissen und Wissen *für* das Wissen ist, zu ihr gehört auch, dass es Wissen *ohne* Wissen und das Wissen von sich *als* Ohne-Wissen ist. Im wirklichen Selbstbewusstsein hört also die *Furie des Verschwindens* nicht auf; in ihm setzt ihre mehr als skeptische *Verwüstung* allererst ein. Diese Verwüstung muss nun aber just an derjenigen Stelle kulminieren, an der das andere Strukturmoment des Bewusstseins: dass es Verwirklichung in raum-zeitlicher, sinnlicher Einzelnheit ist, hervortritt. Bewusstsein ist Bewusstsein allein dann, wenn es aktuelles, sich vollziehendes, in seinem Vollzug sich zeitigendes und den ihm eigenen Raum besetzendes Bewusstsein ist. Dieses Jetzt und Hier des Bewusstseinsvollzugs, wie es in der historischen Verleiblichung des Selbstbewusstseins im christlichen Messias wirklich wird, muss sich indessen als in seiner Universalität und in seiner Einzigkeit *verlorenes* Jetzt und Hier des Bewusstseins (erfahren), es muss sich, um vollständig zu sein, als Verlust des Bewusstseins erfahren und sein Wissen als Wissen von seinem Nichtwissen im Tod realisieren. In Christus stirbt das Bewusstsein, um sich in diesem Tod der äußersten Wirklichkeit seiner selbst: der Wirklichkeit seines Nicht-mehr-seins zu versichern.

Der Tod Gottes ist somit nichts anderes als die Explikation eines Implikats der Struktur des Bewusstseins. Mit diesem Tod wird der Verlust der Substanz wie des Subjekts im Vollzug des Wissens verwirklicht. In ihm erscheint der äußerste Schmerz im Prozess seiner Absolutierung – seiner Entfaltung, seiner Erfüllung und seiner Verwirklichung –, nicht obwohl, sondern weil es in eins damit der Verlust des Bewusstseins selbst ist. Deshalb schreibt Hegel zu Beginn des Kapitels »Die offenbare Religion« in einem vorgreifenden Resümee: *Es ist das Bewußtsein des Verlustes aller* Wesenheit *in* dieser Gewißheit *seiner und des Verlustes eben dieses Wissens von sich – der Substanz wie des Selbsts, es ist der Schmerz, der sich als das harte Wort ausspricht, daß* Gott gestorben ist. (PhG, 547) Mit diesem Satz charakterisiert Hegel den Schmerz aber nicht nur als Bewusstsein vom Verlust des Bewusstseins, sondern als das hyperbolische, nicht nur extreme, sondern ultra-extreme und exzendente Bewusstsein, dass das Bewusstsein vom Verlust des Bewusstseins und damit das Gewusste wie das Wissende, das Subjekt wie seine Substanz selber verloren sind.

Hegels Satz besagt nicht mehr bloß wie der des Sokrates: »Ich weiß, dass ich nicht weiß«. Er besagt: Ich weiß mein Nichtwissen, aber ich weiß darin überdies, dass dieses Wissen vom Nichtwissen selber ein Nichtwissen ist, in dem ich mich als wissendes Subjekt und gewusste Substanz verliere. In Christus stirbt nicht der einzelne sinnliche Mensch, um seine Göttlichkeit aus dem Gefängnis der Sinnlichkeit, in den er sich für eine Zeit hineinbegeben hat, freizulassen. Es ist die Gottheit Gottes, die in diesem Menschen stirbt, denn außer in ihm hat sie kein Sein und kein Wesen. Gott *ist* allein im endlich-leiblichen Bewusstsein; und weil dieses Bewusstsein leiblich und endlich ist, *ist* er nur in der Weise, dass er sein *nicht* ist. In den *Vorlesungen über die Philosophie der Religion* nimmt Hegel seinen Satz vom Tod Gottes und dem Schmerz des Bewusstseins in seinem Verlust wieder auf, um hervorzuheben, dass dieser Satz keine frömmliche Phrase, sondern *der fürchterlichste Gedanke* – in dem das Denken selbst sich unüberbietbar fürchterlich wird – ist: *Gott ist gestorben, Gott ist tot – dieses ist der fürchterlichste Gedanke, daß alles Ewige, alles Wahre nicht ist, die* Negation selbst in Gott *ist; der höchste Schmerz, das Gefühl der vollkommenen Rettungslosigkeit, das Aufgeben alles Höheren ist damit verbunden.* (VPhR II, 291) Diese Erfahrung ist das äußerste und überäußerste Extrem des Bewusstseins, weil sie die Erfahrung ist, keine Erfahrung des Bewusstseins mehr zu sein und dennoch unausweichlich auf dem Weg dieser Erfahrung zu liegen, ja selber ihr Weg und ihr *Hinweg* zu sein. Im Tod Gottes erfährt das Bewusstsein, dass es ohne Bewusstsein ist. Ohne dieses »ohne Bewußtsein« könnte es nicht das Bewusstsein eines absolut Anderen als des Bewusstseins sein – und wäre, aus Mangel an diesem Anderen seiner selbst, nicht Bewusstsein, sondern Bewusstlosigkeit. Bewusstsein ist es erst, wo es in sich einem Anderen ohne

Bewusstsein begegnet, wo es sich selbst ohne Bewusstsein weiß: wo es sich nicht weiß. In dieser Spitze berührt das Bewusstsein sein absolutes Ende und ist in dieser Berührung selbst seine Endlichkeit. Gott ist endlich, weil das Bewusstsein, in dem allein er seine Wirklichkeit hat, in sich endliches Bewusstsein ist. Aber was könnte ›Endlichkeit des Bewusstseins‹ heißen, wenn nicht Unvollziehbarkeit der Scheidung zwischen dem gewussten Sein dieses Endes und einem unwissbaren Ende, dem nicht mehr die Position eines gewussten und im Bewusstsein gegenwärtigen Seins zugeschrieben werden kann... Bewusstsein endet nicht im gewussten Sein eines Todes, der dem Sein ein Ende setzt: In ihm könnte es seine Macht noch über seinen Gegensatz nur bewähren und *sein* Ende wäre kein Ende. Bewusstsein findet sein Ende ebensowenig im bewusstlosen Erlöschen: Auf es könnte kein Bewusstsein sich als auf *sein* Ende beziehen, und wiederum wäre dies Ende kein Ende *des* Bewusstseins. Nun schreibt aber Hegel ausdrücklich, das Bewusstsein vom Tod Gottes ist das Bewusstsein *des Verlustes eben dieses Wissens von sich – der Substanz wie des Selbst*; es ist also Bewusstsein von dem einzigen Faktum, dass eben dies Bewusstsein verloren ist, dass es nicht weiß, sich nicht als Wissen weiß und im Verlust seines Wissens noch sein Wesen und Sein verloren hat. Es weiß also im Tod Gottes nur dies, nicht *selbst* die Macht über sein *Selbst* zu sein und nicht *selbst* bestimmen zu können, was und ob es überhaupt als bewusstes *Selbst* ist. Allein wo es dieser Ohnmacht und Unmöglichkeit ausgesetzt ist, zwischen seinem Wissen des Nichtwissens und seinem Nichtwissen des Nichtwissens bewusst zu scheiden; erst dort also, wo es nicht weiß, *ob* es weiß oder nicht weiß, tritt das Bewusstsein auf seine Spitze, schließt sich mit seiner äußersten Möglichkeit zusammen und endet – Bewusstsein ist in diesem Extrem ein Sich-gegenwärtig-sein, dem allein sein Nichtsein gegenwärtig ist; es stößt auf ein Anderes als das Bewusstsein und stößt darauf anders als auf Sein. Seinem absoluten Ende begegnet das Bewusstsein also darin, dass es dies Ende weder als sein eigenes noch als ein ihm fremdes von sich ablösen kann. Seine Endlichkeit hat es darin, von anderem als ihm selbst bestimmt zu sein und diese Determination nur als völlige Indetermination hinnehmen zu können. Bewusstsein ist endlich, weil es *an ihm* einer Un-endlichkeit begegnen muss, die es nicht als die seinige begreifen, die es aber auch nicht als eine fremde von sich fernhalten kann. Es ist absolut nur in der Erfahrung eines Inabsolvierbaren.

Dieser Schmerz ist die strukturell notwendige Verwüstung des Bewusstseins. Er ist irreduzibel, weil jede Reduktion eine Handlung nur desjenigen Bewusstseins sein könnte, das zerstört ist. Völlige Entäußerung von Subjekt und Substanz, stellt er sich in der Weise einer sprachlichen Entäußerung dar, die selbst eine Entäußerung zum Thema hat: Er ist nur als das, was *sich* […] *ausspricht*, und er spricht sich aus *als das harte Wort* […], *daß Gott gestorben ist.* Der Tod Gottes – und, exakter, das Gestorbensein Gottes – ist ein Geschehen am Bewusstsein und deshalb sprachliches Geschehen: Geschehen des Aus-, des Zuende- und Zu-Tode-Sprechens der Sprache des Bewusstseins. Dass Gott gestorben ist, ist ein Satz nicht des *logos*, sondern des *algos*. Er ist ein Satz des Schmerzes, eines Gefühls, das als Gefühl des absoluten Widerspruchs das *pathos* und die *passio* des Wider- und Unsprachlichen, des Alogischen in der Sprache zum Ausdruck bringen muss. Es ist der alogische und alektische – nicht-*dia*lektische – Satz, der der Sprache nicht mehr angehören kann, wenn der Begriff »Gott« identisch sein soll mit dem Begriff »Leben« oder »Wesen« oder »Sein« des »Bewußtseins«. Gott ist gestorben, Gott ist tot – das sagt nichts anderes, als dass Sein nicht ist, sondern sich entzieht, und dieser Satz nicht aus der Sprache spricht, sondern aus ihrem Verstummen. Der Augenblick der absoluten Parusie des einzigen Gottes ist zugleich der Augenblick ihres Erlöschens: Er ist der letzte Augenblick eines Vorbeigangs, der nur im Rückblick auf seine Vergangenheit erfahren werden kann. Der Augenblick der absoluten Religion und ihrer Theo-Logik ist derjenige der Irreligion einer für sich selbst undenkbaren Alogie eines Atheos: Gott ist immer nur der schon gestorbene Gott eines aus struktureller Notwendigkeit vergangenen Bewusstseins. Da sie beide – Parusie und Anusie, Religion und Irreligion – zur Struktur des Bewusstseins gehören, kann dieses Bewusstsein grade in seiner höchsten, seiner onto-theologischen Fassung nur das Bewusstsein seines immediaten Verlustes sein. Bewusstes Sein ist an seiner Grenze strukturell unbewusst und unbewusstes Nichtsein. In dem Schmerz, der sich im Wort vom Gestorbensein Gottes ausspricht, geht der Schmerz über den vorstellbaren, den bewusstseinsfähigen und im Begriff fassbaren Schmerz hinaus, geht über die begriffliche Transzendenz des Schmerzes hinaus und wird, Hyperalgie, zum *trans-transcendens* schlechthin. Damit, so könnte es scheinen, erlischt jede Möglichkeit einer Phänomenologie des Bewusstseins, jede Möglichkeit einer denkenden Vergegenwärtigung dessen, was in Wirklichkeit ist. Der Tod Gottes wäre dann – weil von ihm nicht mehr in einem verständigen Sinn gesagt werden kann, dass er *ist* – der Tod auch der Onto-theo-logie im einzigen Augenblick ihrer Wahrheit.

Nun gibt es aber im selben Kapitel der *Phänomenologie des Geistes* eine zweite Version des Schmerzes und eine zweite des Todes Gottes, als der dieser Schmerz sich ausspricht. Hat sich die erste aus dem Gedanken ergeben, dass das Bewusstsein, um zur Gänze Bewusstsein zu sein, auch die Erfahrung seines eigenen Verschwindens machen muss, sie aber nicht anders als so machen kann, dass ihm dabei Substanz und Bewusstsein vergehen, so beschränkt sich die zweite Version dieser Erfahrung auf den Verlust der Substanz und resultiert in der Erhebung der Subjektivität. Hegel schreibt nämlich wenige Seiten nach der zitierten Passage, wiederum im Kapitel »Die offenbare Religion« über den Tod der Abstraktion des göttlichen Wesens: *Er ist das schmerzliche Gefühl des unglücklichen Bewußtseins, daß* Gott selbst gestorben *ist. Dieser harte Ausdruck ist der Ausdruck des innersten sich einfach Wissens, die Rückkehr des*

Bewußtseins in die Tiefe der Nacht des Ich=Ich, die nichts außer ihr mehr unterscheidet und weiß. Dies Gefühl ist also in der Tat der Verlust der Substanz *und ihres Gegenübertretens gegen das Bewußtsein; aber zugleich ist es die reine* Subjektivität *der Substanz, oder die reine Gewißheit seiner selbst, die ihr* (der Substanz) *als dem Gegenstande oder dem Unmittelbaren oder dem reinen Wesen fehlte.* (PhG, 572) Die eklatante Differenz zwischen diesen zwei Versionen des Todes Gottes – diejenige, die in dem gewaltigen Schlussabsatz über den *unendlichen Schmerz, das absolute Leiden* und den *spekulativen Karfreitag* von »Glauben und Wissen« geboten wird, bleibt offen für beide Versionen –, diese Differenz kann selbstverständlich nicht mit der Hast bei der Schlussredaktion der *Phänomenologie des Geistes* erklärt werden; für sie gibt es zwingende philosophische Motive, die in der Struktur der Erfahrung des Bewusstseins und einer Parusie gelegen sind, in der sich die *ousía* dieses Bewusstseins ihm selbst offenbart. Muss nämlich das Bewusstsein auf seiner höchsten Erhebung in der Aktualität eines Dieses die Erfahrung seiner absoluten Synthesis mit sich als Substanz sein, so ist eines der Elemente dieser Synthesis, dass es die Äußerlichkeit dieser Substanz zur Gänze verloren gibt und in absoluter Einsamkeit übrigbleibt als die schiere Subjektivität, die ihre Substanz allein an sich selbst hat. Der Augenblick dieser Erfahrung ist der des »Eli, Eli, lama sabakhthani«. Hegel hat den Gedanken von dieser Parusie der Subjektivität aus der Eklipse der *ousía* in der Formulierung von der *Nacht des Ich=Ich* aufbewahrt. Ich, so ist damit gesagt, bin bloß Ich, von allem Anderen verlassenes Ich, für das es kein Außerhalb, keinen Gott, keinen Tag, kein Überleben, keine Erlösung gibt. Das *schmerzliche Gefühl*, dass *Gott selbst gestorben* ist, ist der Schmerz der Unerlösbarkeit des bloßen Ich. Hegels Christentum ist, wider alle anderen Erklärungen, keine Erlösungsreligion. Es ist Ablösungsreligion, Religion der Absolution von aller Religion, Verlassenheitsreligion, in der der einzige wirkliche Gott ausspricht, dass Gott tot ist, dass Gott selbst von Gott verlassen ist, dass er Gott allein im Schmerz seiner Trennung von sich ist, und dass dieser Schmerz, nichts Anderes, der einzige Rest, das nächtliche Residuum der *Subjektivität* aller Substanz ist. Schmerz, der äußerste Schmerz, ist hier die Kontraktion der Welt in das *innerste einfach sich Wissen*, in das gegenstands- und prädikatlose, das gottlose Ich, das seine einzige Substanz, die kontrakteste und abstrakteste, an sich selbst hat. Dieser Augenblick der *Nacht des Ich=Ich*, in der es mit der Göttlichkeit und darum mit der Menschlichkeit des Bewusstseins vorbei ist, und in der »Ich« nur sagt »Ich sterbe«; dieser Augenblick einer Parusie ohne *ousía* ist für Hegel der Augenblick des Christentums, von dem alle Geschichte seither ausgeht und in den sie zurückzukehren nicht aufhören kann.

Während in der rudimentären Formel der bloßen Gewissheit Ich=Ich aber das Bewusstsein als schiere Subjektivität der Substanz erhalten bleibt, gesteht die frühere Version den Verlust beider, sowohl der Substanz wie des Subjekts, ein. Nun ist dieser Selbstverlust des Bewusstseins auch in der ersten Fassung ein Verlust *für* das Bewusstsein, aber nur für ein Bewusstsein, das sich in eben diesem Verlust selber verliert. Es ist ein Wissen nicht allein *von* seinem Verlust, es ist ein Wissen, das nicht weiß, ob es weiß, und deshalb nicht weiß, ob es selbst auch nur die Instanz oder die Kraft des Nichtwissens ist. Es ist ein Anderes, das nicht *sein* Anderes und deshalb nicht mit Gewissheit *ist.* Mit diesem Gedanken des Undenkbaren ist eine so krasse Diskontinuität in die Struktur des Bewusstseins eingeführt, dass sie nicht mehr als Diskontinuität *des Bewusstseins* und des Seins dieses Bewusstseins gedacht werden und nicht mehr Gegenstand einer Phänomenologie der Bewusstseinsgestalten bleiben kann. Was bleibt – wenn es denn ›bleiben‹ genannt werden kann – ist allein die Aporie einer Relation ohne Relata, eines Bewusstseins ohne Bewusstsein, eines Wissens, das, unwissbar, auch keines sein könnte. Hegel hat nach den Skeptikern diese Aporie zum ersten Mal wieder in ihrer desaströsen Kraft zur Entfaltung gebracht; aber er hat sie limitieren und auf ein Strukturelement der Subjektivität reduzieren können, weil auch noch die Eklipse des Bewusstseins als Faktum *am* Bewusstsein, als Wunde *im* Wissen, Riss *durch* sein Sein empfunden werden kann. Dass die Erfahrung der Irrelation immer noch eine Erfahrung ist, die in Relation zum Wissen steht, bezeugt sich am härtesten im Schmerz: Er ist ein Gefühl – Hegel spricht vom *schmerzlichen Gefühl* –, das unstreitig auf das Bewusstsein einwirkt. Es ist aber für Hegel ebenso unstrittig, dass er als Gefühl des Lebendigen, dem Bewusstsein vorhergeht, dass

Bewusstsein also Bewusstsein zunächst *aus* dem Schmerz, nicht aber Bewusstsein *vom* Schmerz ist. In der *Wissenschaft der Logik* heißt es: *so ist das Lebendige für sich selbst diese Entzweiung und hat das Gefühl dieses Widerspruchs, welches der* Schmerz *ist.* [...] *Wenn man sagt, daß der Widerspruch nicht denkbar sei, so ist er vielmehr im Schmerz des Lebendigen sogar eine wirkliche Existenz.* (WL II, 481) Dass er aber eine wirkliche Existenz ist, besagt noch nicht, dass der Schmerz auch in jeder seiner Formen denkbar ist, und besagt ebenso wenig, dass er im strikten Wortsinn ein Gefühl des Widerspruchs, ein logisches oder auch dialektisch-logisches Gefühl ist. Wenn Schmerz das Gefühl der Entzweiung ist und erst aus diesem Gefühl, mag es auch die niedrigste Stufe des Bewusstseins sein, das sprechende und sich widersprechende Bewusstsein hervorgeht, dann ist dieser *Schmerz des Lebendigen* mächtiger als der Begriff und mächtig genug, über den bloß begriffsinternen Wider-*Spruch* sprachlos, begrifflos und unbegreiflich hinauszugehen. Hegels Denken schwankt deshalb zwischen den beiden Versionen des Schmerzes: der einen, in der es sich verliert, und der anderen, in der es sich als verloren noch weiß; zwischen dem Schmerz, an den der Begriff sich verliert, und dem anderen Schmerz, den der Begriff zu dem seinen macht, zu seinem Motiv, seinem Moment und seinem Motor.

Schmerz ist Transzendieren in Anderes; aber er ist auch Transzendieren in anderes als das, was von der Macht der Subjektivität noch gefasst werden könnte. Hegel hat dieses Transzendieren immer wieder als äußerste Gefahr nicht zunächst für das Lebendige, sondern für den Geist seiner Philosophie und die von ihr gefassten Phänomene vermerkt. In seinen *Vorlesungen über die Ästhetik* schreibt er über die Kunst der christlichen Epoche: *Dieser Schmerz liegt zum Teil an der Grenze der Kunst, welche die Malerei zu überschreiten leicht geneigt sein kann, insofern sie sich die Grausamkeit und Gräßlichkeit des* körperlichen *Leidens, das Schinden und Braten, die Peinigung und Qual der Kreuzigung zum Inhalte nimmt. Dies darf ihr, wenn sie nicht aus dem geistigen Ideal heraustreten soll, nicht erlaubt werden.* (VÄ III, 58) Die Grässlichkeit des körperlichen Leidens bis hin zur Qual der Kreuzigung überschreitet die Grenze des geistigen Ideals; sie ist ein Transzendieren, das über die Grenzen der Transzendenz in den Geist hinausgeht und dadurch eben diese Transzendenz, die logische, dialektische, spekulative des Selbstbewusstseins, verhindert. Schmerz ist das *ultra-transcendens* und *atranscendens* schlechthin. Er ist das *transcendens* einer Endlichkeit, die sich durch kein Endliches begrenzen lässt, weil sie selbst un-endlich und unbestimmt, unidentifizierbar und dennoch unendlich identifikationsgastlich ist. Er lädt jeden ein, im Schmerz eines Anderen, sogar dem gemalten, den eigenen wiederzuerkennen; und kann jeden, wie der Ekel, zurückstoßen und zu der trockenen Erklärung bringen: Dies dürfe nicht erlaubt werden. Der Schmerz des Anderen geht noch über den identifizierbaren Anderen hinaus zu einem Anderen ohne Begriff; und ›ist‹ dieses begrifflose Hinausgehen, die peinigend reine Schneise der Alteration ohne Wesen und Wissen, die jede Kategorie und jedes Schema der Vermittlung durchstößt und deshalb so wenig bei einem bestimmten Einzelnen wie bei einer konkreten Allgemeinheit Halt machen kann. Der Schmerz zieht in die Identifikation nicht mit dem Anderen, dem epistemischen oder dem gesellschaftlichen Anderen, sondern in die Identifikation mit dem Schmerz, der den Anderen von sich selbst abtrennt: Er zieht in die Identifikation mit der Abstraktion und der Absolution, in eine Ab-Identifikation hinein und ›ist‹ nichts anderes als dieses Ziehen, diese Traktion und Ab-Solution. Der Schmerz ist jenes mehr als universelle Phänomen jenseits der Phänomengrenze, an dem sich das Bewusstsein, das kognitive nicht weniger als das ethische, artikuliert und verliert. Er breitet sich als das amorphe Milieu und das Medium nicht der Formation, sondern der Trans-Formationen aus, und treibt als die Unruhe des Absolvierens das gesamte Denken der Ver*a*nderung nicht nur über jeden konventionellen Begriff, sondern noch über Hegels Begriff des Begriffs hinaus.

Nun ist all dies noch in argumentierenden Aussagesätzen gesagt und als Gegenstand eines möglichen Wissens dargestellt, in dem sich ein Bewusstsein vom Schmerz und sogar ein Selbstbewusstsein des Schmerzes ausbilden könnte. Hegel würde diesen Überlegungen, Hinweisen und Bedenken kaum widersprechen; er würde zum einen nur auf den Widerspruch in ihnen verweisen, dass der Schmerz einerseits das Sprechen, und *a fortiori* das logische Sprechen außer Kraft setzen soll, andererseits aber dennoch über dies Nicht-Sprechen-Können gesprochen wird; und würde zum anderen darauf insistieren, dass er selbst den Schmerz als den schlechthinnigen Übergang über jede Grenze, dass er selbst ihn als Bewegung der Abstraktion und noch der Abstraktion vom Abstrakten und deswegen als Absolution im absoluten Schmerz charakterisiert habe. Schmerz ist für Hegel in der Tat die Erfahrung, den Anhalt an jeder sinnlichen Gewissheit, jeder Anschauung und Wahrnehmung, und darüber hinaus an jeder Vorstellung und vorgestellten Gedankenform zu verlieren. Der Schmerz, *der sich als das harte Wort ausspricht, daß Gott gestorben ist,* spricht nur aus, dass Gott ein gestorbener Gott ist, wenn er – wie er es muss – als äußerliche Vorstellung, als abstraktes Wesen und formelle Substanz verstanden wird, und dass er ebenso nur ein gestorbener Gott sein kann, wenn er als die Parusie dieser abstrakten Vorstellung in der Sinnlichkeit erscheint. Gott muss sterben, weil seine isolierten Gedanken- und Erscheinungsformen von der *Bewegung* des Erscheinens und Denkens aufgezehrt werden müssen. Mit Gott ist es vorbei, sobald Gott in der Vorstellung und als Vorgestelltes erscheint. Wenn der Schmerz über diesen Verlust der Vorstellung sich in dem Satz ausspricht, *daß Gott gestorben ist,* dann ist damit zum einen gesagt, dass dieser vorgestellte Gott unwahr und seine einzige Wahrheit in seinem Gewesensein liegt; es ist damit weiterhin gesagt, dass die Wahrheit über den Vorstellungsgott allein im Schmerz liegt, mit dem sich das Bewusstsein von seiner

Vorstellung verabschiedet; und es ist damit zum Dritten gesagt, dass der Satz vom Tod Gottes als Satz dieses Schmerzes selbst kein Satz der Vorstellung und kein Satz des Vorstellungs-Bewusstseins ist. Im Satz, dass Gott gestorben ist, wird gesagt, dass dieser selbe Satz keinen Referenten, keine vorstellbare Bedeutung und keinen Vorstellungsinhalt hat, sondern nur die Sonderung von jeder Vorstellung und damit die Trennung von sich selbst ausspricht. Er ist der Satz, der sich von sich selbst absetzt, und als Satz der Selbst-Absolution ist er auf dem Sprung, zum Satz des Begriffs zu werden. Die geforderte Radikalisierung im Gedanken der Absolvenz wäre also von Hegel bereits vollzogen, indem er mit seinem Begriff vom Schmerz die Verhaftung am bloßen Vorstellungs-Schmerz auflöst, Bewusstsein und Selbstbewusstsein als Abschied von ihren Vorstellungsformen und als Hinwendung zum Schmerz dieses Abschieds denkt, um in seiner Struktur den Selbstbegriff des Geistes verwirklicht zu finden.

Im Satz des Schmerzes, dass *Gott selbst gestorben* ist und *Ich=Ich*, nimmt das Bewusstsein Abschied von jedem ihm äußerlichen Wesen. Erst von diesem bewusstseins-historischen Augenblick an ist Denken und Handeln rein in der Subjektivität des endlichen, des gott- und substanzverlassenen Ich fundiert. Doch dieser Abschied von der Substanz bleibt für Hegel *dieser,* und der Schmerz, der sich mit ihm verbindet, erhält die Verbindung zu *diesem* Abschied von *diesem Einzelnen* aufrecht, in dem sich die Erfahrung dieses Abschieds zum ersten Mal ausspricht. Hegels Abstraktion beansprucht, die Abstraktion vom abstrakten Verstandesbegriff wie von der sinnlich-historischen, zeiträumlich bestimmten Vorstellung eines Einzelnen und derart die Negation ihres Negativen zu sein; aber er lässt zugleich keinen Zweifel daran, dass diese Abstraktion das, wovon sie abstrahiert, mit sich zieht. Seine Abstraktion der Abstraktion ist Kontraktion. Vom *Tod des göttlichen Menschen als Tod* schreibt er in just diesem Sinn: *Diese natürliche Bedeutung verliert er im geistigen Selbstbewußtsein,* [...]*; der Tod wird von dem, was er unmittelbar bedeutet, vom Nichtsein* dieses Einzelnen *verklärt zur* Allgemeinheit *des Geistes, der in seiner Gemeine lebt, in ihr täglich stirbt und aufersteht.* (PhG, 570f.) Selbst wenn man die Zweideutigkeit in Hegels Verwendung des Ausdrucks *wird vom Nichtsein dieses Einzelnen verklärt zur Allgemeinheit* nicht weiter beachtet, bleibt hier wie im gesamten Gedankengang, der vom Tod zur Auferstehung überleitet, deutlich, dass es *dieser Einzelne* ist, dessen Tod zur Allgemeinheit verklärt (wird) – zu *seiner* Allgemeinheit, zur Allgemeinheit *seines* Todes im geistigen Leben *seiner* »Gemeine«, und als *dieser* Tod immer wieder, *täglich*, wiederholt und *täglich* zu *seiner* Auferstehung verklärt wird. Obgleich Hegel hier wie in der gesamten *Phänomenologie* von historischen Eigennamen abstrahiert, lässt er nicht den geringsten Zweifel daran, dass mit *diesem Einzelnen* Jesus, der christliche Messias, mit seinem Tod dessen Tod am Kreuz, mit dessen Verklärung und Auferstehung die seine, mit dessen *Gemeine* die christliche und mit dessen Geist der heilige Geist als dritte

Person seiner Gottheit gemeint ist. Hegel restringiert also die Abstraktion von der abstrakten Einzelheit auf die kaum weniger abstrakte Einzelheit des Christentums ebenso wie er die Allgemeinheit auf die christliche *Gemeine* einschränkt. Der Tod *dieses Einzelnen* hat nicht nur die *natürliche Bedeutung* der Vernichtung dieses Einzelnen, er hat überdies und vor allem die christliche Bedeutung, in Andacht, Erinnerung und Praxis seiner Gemeinde eine bestimmte *einzelne* Allgemeinheit des Geistes zu begründen. Dieser Tod ist ein Tod *für* Andere, er ist Opfertod, Substitutionstod, ein Tod *für* den Geist, ein Tod nicht so sehr *mit* einer als vielmehr *für* eine geistige Bedeutung, ein Tod, der vermöge dieser Bedeutung vor dem Tod rettet, ein Tod zur Bannung und Bindung des Todes, zu seiner Limitierung, Lokalisierung, regionalen Vergesellschaftung und konfessionellen Kontraktion. Und so der Schmerz des unglücklichen Bewusstseins, der sich in dem Satz ausspricht, *daß Gott gestorben ist.* Er ist der Schmerz über *diesen Einzelnen* – er mag übrigens Pan heißen wie bei Plutarch oder Jesus wie in den neutestamentlichen Schriften –, er ist der einzelne Schmerz, der in der Erinnerung seiner Gemeinde eine geistige Bedeutung hat, weil er als Schmerz der Erinnerung nur der Schmerz der regionalisierten Transzendenz, der limitierten Abstraktion, der appropriativen Vergesellschaftung und der Funktionalisierung, Semantisierung und Regulierung des Schmerzes ist. *Daß Gott gestorben ist,* besagt deshalb für *diesen* Schmerz nicht nur, dass er ein Gott der Vergangenheit ist, es besagt vor allem, dass *die-*

ser Satz über seinen Tod noch gesagt werden kann, dass dieser Satz jeweils aus einer Gegenwart gesprochen wird, für die es *diese* und keine andere Vergangenheit gibt, und dass in *dieser* Gegenwart diese *ihre* Vergangenheit er-innert und bewahrt, dass die Vergangenheit Gottes vor ihrem Vergehen bewahrt, der Tod vor dem Tod, der Schmerz vor dem Schmerz bewahrt ist. *Daß Gott gestorben ist,* sagt also, dass dieser Gott, der erste, letzte und einzige offenbare, jetzt und hier, in dieser Gemeinde von Sprechenden, in dieser Ekklesia des Selbstbewusstseins immer noch gestorben ist, dass er vermöge seines Sterbens in *seiner* Gesellschaft und *ihrer* Sprache unsterblich ist, nie wird sterben können, niemals tot sein wird. Dass er gestorben *ist*, ist ein Satz des Geistes, in dem Gott, vom Tod absolviert, überlebt und über das sterbliche Leben hinauslebt. Dieses *harte Wort* vom Gestorbensein Gottes, als das der Schmerz sich ausspricht, spricht aus und bezeugt, dass der Schmerz die Macht seiner Er-Innerung, seiner Vergegenwärtigung, seiner Parusie ist. Dies *harte Wort* ist mithin das Wort Gottes selbst, des johanneischen *logos*, von dem Hegel schreibt: *es ist das Wort, das ausgesprochen den Aussprechenden entäußert und ausgeleert zurückläßt, aber ebenso unmittelbar vernommen ist, und nur dieses Sichselbstvernehmen ist das Dasein des Wortes.* (PhG, 559) Da ist das Wort, es ist gegenwärtig nur in *seinem* Anderen, denn nur in ihm vernimmt es sich *selbst* und ist sich im Vernehmen sein *eigener* Begriff. Nur die christliche Gemeinde als *der allgemeine göttliche Mensch* (PhG, 574) kann das Selbstbewusstsein des *logos* als *Sichselbstvernehmen* in Selbstgegenwärtigkeit verbürgen. Der Schmerz dieser Gemeinde ist der Schmerz – *algos* – nur dieses Wortes – *logos* – in seinem *Sichselbstvernehmen*; er ist der sich begreifende Schmerz, der Schmerz in seinem Begriff, der Begriff »Schmerz« und darin das Wort wie es sich als Wort in seiner unvergänglichen Vergangenheit gegenwärtig ist. Schmerz in all seiner Passivität ist in diesem christlich-spekulativen Rückgang in sich der Agent der unbedingten Aneignung und Verselbstung, der absoluten Re-Subjektivierung, die keinen anderen Schmerz als den eigenen, keinen Schmerz eines Anderen, der der Andere weder dieses Selbst noch *seiner* selbst wäre, duldet und nur die logische und begriffene, die Auto-Parusie und Sui-Absolution erträgt.

Hegels Logik und seine Phänomenologie des Schmerzes ist, in jedem Sinn, eine Homöopathie. Er verleugnet ihn nicht, verwirft ihn nicht, doch er begrenzt ihn zum Schmerz der christlichen Allgemeinheit und ihres Schemas der sui-appropriativen Transzendenz. Diese Transzendenz des Schmerzes ist aber als Transzendenz in sich nur Reszendenz und, als *Er-Innerung* (PhG, 591, 548) der Geschichte des Selbstbewusstseins und Er-Innerung *in* sie, Inszendenz. Die Bewegung der Absolution, die im absoluten Geist zum Abschluss kommen soll, ist in ihm als einem *absolutum*, einem Abgeschiedenen, Vergangenen und in sich Gegangenen, aufgehalten. Sie *weiß* sich und weiß nur *sich* als das Vergangene in der Gegenwart des Bewusstseins; eine Zukunft, die ihr nicht als Dimension der Er-Innerung, der Internalisierung und progressiven Subjektivierung bereits gegenüberstünde, kennt sie nicht. Dass noch der absolute Geist als *begriffne Geschichte* gedeutet wird und als die von ihm selbst gewusste *Schädelstätte des absoluten Geistes* (PhG, 591), macht ihn nicht nur zu einem christlichen Golgatha, seine Christlichkeit, ob Schau oder Schaum, bewahrt sich darin auch als *seine Unendlichkeit,* die unendliche Endlichkeit *dieses Einzelnen,* der niemanden neben sich oder außer sich erträgt, der nicht der seine wäre. Wie seine Transzendenz so ist die Absolvenz des absoluten Geistes zirkulär. Sie denkt das Absolute, aber nicht die Absolution vom Absolutum *dieses Einzelnen.* Sie denkt und *ist* in ihrem Wissen die Parusie – aber wiederum nicht die Parusie eines anderen Dieses oder eines anderen Einzelnen, der nicht *für* sie und nicht *für* sich wäre, sondern allein die zirkuläre Parusie ihres je schon an und für sich seienden Bewusstseins. Um aber eine vollständige Theorie des Bewusstseins zu sein, müsste sie auch noch eine Theorie des Nicht-Theoretisierbaren, sie müsste eine Theorie der Ab-Absolvenz und In-Absolvenz, eine Theorie und Paratheorie unzählbarer singulärer Para-Parusien bieten, die noch die Restriktionen und restriktiven Generalisierungen der einen aristotelisch-christlichen Parusie zu artikulieren hätte.

Hegel erläutert in der *Enzyklopädie der philosophischen Wissenschaften* den Begriff des Geistes, indem er von ihm sagt: er *kann* von *seinem Dasein selbst abstrahieren; er kann die Negation seiner individuellen Unmittelbarkeit, den unendlichen* Schmerz *ertragen, d.i. in dieser Negativität affirmativ sich erhalten und identisch für sich sein. Diese Mög-*

lichkeit ist seine abstrakte für sich seiende Allgemeinheit in sich. (Enz III, § 382, 25f.). Hegel spricht in diesem Satz von einem Können, einer Möglichkeit, die nicht immer ergriffenen werden kann und deren Nicht-Immer sich tatsächlich dem Begriff entzieht. Der *unendliche Schmerz* wird nicht von jedem unendlich ertragen; sollte er aber erträglich sein, dann kann eine Theorie des selbstbewussten Geistes, wenn sie denn Theorie und Theorie der Bedingungen der Theorie ist, dieses Ertragen nicht zu ihrem Paradigma erheben, sondern muss sowohl dieses Ertragen wie jenes Nicht-Ertragen-Können bedenken. Der ertragene Schmerz, in dem sich der Geist erhält und *identisch für sich* ist, erweist sich dann als Medium seiner Selbstgegenwärtigkeit, aber zugleich als Verwahrung gegen einen Verlust, der zu einer anderen, einer noch unertragenen oder einer unerträglichen Parusie werden könnte. Die Parusie des absoluten Geistes als des Geistes *dieses Einzelnen* in seiner Absolutheit ist eine Gegen-Parusie, eine Gegen-Gegenwärtigkeit, weil sie unvermögend ist, einen anderen Schmerz als den *dieses Einzelnen*, einen anderen als den christlichen Schmerz und einen anderen Schmerz als den schon ertragenen zu denken. Sie wird, was sie nicht werden dürfte: zu einem Spiel des Schmerzes mit sich selbst. Das absolute Wissen erträgt nur den Schmerz, der ihm von der Geschichte der Christianisierung zugetragen und von *diesem Einzelnen* vorgetragen worden ist. Es erträgt nur das Ertragene und trägt nur das schon Ausgetragene in die Form seiner Absolutheit. Es weiß nur in der Form des Tragens und kann deshalb weder das Unerträgliche noch das Tragen selbst zu einer Frage werden lassen. Es ist auf die Form des *pherein* und *ferre* fixiert und kann sich deshalb vom Schmerz nicht als unerträglichen Schrei oder Stummheit betreffen lassen, sondern ihn nur als den in sich versammelnden dialektischen *logos*, als spekulative *Differenz* und *diapherein*: als ein Tragen und Hindurchtragen, als Austragen, Übertragen und Ertragen denken. Sie kann nur das artikulierte Wort vernehmen und es in seinem Vernommensein zu sich selbst bringen, nur das Nehmbare hinnehmen und das Begreifliche zum Begriff bringen. Was aber zu denken aufgegeben ist, weil es nicht immer zu denken erlaubt, ist das *apherein* noch jenseits des *diapherein* und die *Afferenz* noch über die *Differenz*, die spekulative wie die ontologische, hinaus.

Andere Schmerzen

1.
diaplexein
(Pindar 490 v. Chr.)

Threnos, so heißt im Griechischen der Klagelaut und so der Klagegesang. Wie aus Wimmern und Jammern, Zischen, Greinen und Stöhnen eine geordnete Verlautung, eine künstlerische Form, eine artikulierte und reproduzierbare Darbietung hervorgeht, davon handelt das einzige auf einen nicht gymnastischen, sondern musischen Agon gedichtete Lied von Pindar, die kurze 12. Pythische Ode, *Für Midas aus Akragas, Sieger im Flötenspiel*, aus dem Jahr 490. In einem mythologischen Exkurs, der den größten Teil des vierstrophigen Liedes einnimmt, wird der Übergang von der bloßen Verlautung eines Schmerzes zu seiner Bindung und Bändigung in einem Melos nicht einem menschlichen Wesen, sondern der Göttin Pallas Athene zugeschrieben und als Kunst – als *téchna*, Fertigkeit (v. 6) –, als Erfindung und, genauer, als glücklicher Fund bezeichnet. *Pallàs epheûre*, so heißt es (v. 7), und wieder: *heûren theós* (v. 22). Woran dieser Fund der Göttin gelingt, ist aber gleichfalls nichts Menschliches, es ist das Geräusch eines mythischen

Monstrums, einer ungeheuren Schlange aus dem Geschlecht der Gorgonen, der drei Töchter von Phorkys und Keto, die, wie Hesiod berichtet (*Theogonie*, v. 270ff.), am Rande der Nacht wohnen und von denen zwei, nämlich Sthenno (die Starke) und Euryale (die Schützerin) unsterblich, die dritte aber, Medusa (die Machthabende) sterblich ist. Diese dritte Gorgone, Medusa, wird von Perseus enthauptet, und da zu Stein erstarrt, wer sie sieht, hält Perseus das abgetrennte Medusenhaupt dem Räuber und Schänder seiner Mutter Danae, Polydektes, entgegen und bricht so dessen Macht. Mit dieser apotropäischen Geste des Perseus wird demnach die Macht sowohl der Machthabenden Medusa wie die Macht des Mutterräubers gebrochen; aber die vor- und übermenschlichen Mächte sind damit noch nicht zur Gänze bezwungen. Unbezwungen bleibt nämlich der Schmerz der unsterblichen Euryale über den Tod ihrer Schwester Medusa, und wie Pallas ihren Freund Perseus vor der Bedrohung durch den Blick der Medusa rettet, so muss Pallas von ihm auch die Bedrohung durch den Klang der unsterblichen Klage ihrer Schwester abwenden. Der tödliche Anblick der Medusa wird vom spiegelnden Schild des Perseus aufgehalten und auf Medusa selbst zurückgebeugt; und durch die *téchne* der Athena zurückgebeugt wird auch der tödliche Schmerzlaut der Euryale auf diesen selbst. Ihre Klage wird von Pindar als *oúlion thrênon*, als ein wirr gekräuseltes und verderbliches Jammern charakterisiert (v. 8), das aus den rasch erzitternden Kiefern der vielköpfigen Schlange hervorbricht (v. 20). Diesem medusischen Klagen, das ebenso tödlich wirkt wie das medusische Antlitz, begegnet die Erfindung der Pallas nicht durch durch Kappung und nicht dadurch, dass sie es zum Verstummen bringt. Pallas lässt dieses Jammern vielmehr sein, was es ist, *thrễnos* und *góos*, nur verflicht sie seine wirren Strähnen miteinander und bannt dadurch die tödliche Gefahr, die von ihnen ausgeht. *Aplátois* heißen die Schlangenköpfe der Euryale (v. 9): unnahbar, ungreifbar, untreffbar, somit durch keinen frontalen Angriff von Außen abzuwehren, nur aufzuhalten durch ihre Umbiegung gegen sie selbst. Pindars entscheidendes Wort dafür lautet *diaplexais*, durch und durch zusammenflechten (v. 8): *oúlion thrễnon diapléxais. Athána*. Die wilden Schmerzlaute werden von Athena entwirrt und geordnet durch die Verflechtung ihrer nach allen Seiten ausstrahlenden Strähnen, so dass sie an sich halten, zusammenhalten und miteinander ein in sich kohärentes Gebilde ergeben. Die Länge oder Dauer dieses Flechtens mag unbegrenzt sein, denn Euryale ist unsterblich und unsterblich mag auch ihr Schmerz um den Tod ihrer Schwester sein, aber die chaotische Vielsträhnigkeit ihrer Klage wird in die Einheit, kurvige Linearität und somit auch in die rhythmische Folge und zeitliche Ordnung eines Melos gebracht. Bei Pindar heißt dieses Melos *pamphōnon mélos*, allstimmige Weise (v. 19), und Pallas gibt ihr nach seiner Auskunft den Namen *kephalân pollân nómon*, Vielkopfweise (v. 23), vermutlich weil in ihr die vielen Köpfe der Schlange, aus denen die zischend wimmernden Schmerzlaute ertönen, zusammengeflochen sind. Sie ertönen auch noch in Pindars Ode, die den Namen der vielköpfigen Schlange, *Euryálas*, kaum ist er im Genetiv gefallen, in ihre Verse verflicht: *heûren theós. Allá nin heuroîs* … und *eukleâ laossoōn* … (v. 20) Selbst Athena trägt in ihrem Namen den Ton des *threnos*.

Das *diaplexein* – Entflechten, Verflechten, Durchflechten und Bis-zum-Ende-Flechten –, dieses *pertexere* der Klagelaute Euryales, das Athena erfindet, von ihm sagt Pindar, dass es die Mimesis dieser Laute ist: *mimḗsait' epiklágktan góon* (v. 21). Mimesis ist nicht die Nachahmung, sie ist die Flechtung der Schlangenklage im Flötenspiel. Sie ist nicht Nachstellung eines Vorgestellten, sie ist Weiterleitung von Schmerzlauten in eine andere Weise der Komplexion: nicht Repräsentation eines zuvor Präsenten, sondern Artikulation eines Hyperpräsenten und deshalb Tödlichen in einer gewundenen, umwegigen und dadurch zurück-haltenden, an sich haltenden und mithin zusammen-haltenden Form. Nichts anderes als diese Komplexion der fortwährenden Klage ist das Spiel der Flöte. Das Schöne ist für Pindar nicht bloß des Schrecklichen Anfang, es ist das fortwährende Verflechten des Schrecklichen mit diesem selbst. Statt auseinanderstieben zu lassen, ruft es, wie Pindar betont, zur Gemeinsamkeit der Wettkämpfe, zu Chören, Reigen und Tänzen bei der Stadt der Chariten – *parà kallíchoron naíoisi pólin Charítōn* (v. 26) – und erweist sich darin als die versammelnde, gemeinschaftsstiftende, proto-politische Erfahrung schlechthin. Der Schmerz des Zerreißens, dessen Verlautung die Hörenden zerreißt, reißt sie im *diaplexein* zusammen. Er reißt sie in das Zerreissen hinein und hält sie in diesem Riss voneinander aufeinander bezogen. Dieser zusammenflechtende, zusammenreißende Riss in das Außereinander und nichts anderes heißt bei Pindar Sprache: die Sprache der Musik, der Oden, der Chöre, der Tänze, der Polis. Sprache, und zwar jede, ist die Sprache des Schmerzes. Er nennt sie, der klagenden Euryale verbunden, *eúkleâ laossoōn* (v. 24), die völker-aufreizende [*folks-inciting*] Ruferin.

Nimmt man an, dass der Mythos vom spiegelnden Schild des Perseus, der Medusa erstarren lässt, die Herkunft des Sichtbaren beschreibt, der Mythos von Athenas Flechtung der Schlangen die Herkunft des Verlautenden und insbesondere der Musik und der Sprache, dann handelt Pindars Ode nicht bloß von der Flötenkunst des Midas, sondern von seinem eigenen Gesang. Wovon Pindars Ode spricht, das spricht in ihr weiter. Bevor er seinen Gesang anstimmen kann, muss schon der Schmerzlaut der Schlange erklungen sein, und noch bevor er tödlich geworden sein kann, muss Pallas Athena ihn durch ihre Flechtkunst gegen ihn selbst gerichtet und aufgehalten haben. Es gibt also für diese Ode keine reine Materie des Schmerzes, keinen unflektierten Schmerz – erst recht keine Scheidung zwischen einem körperlichen und einem seelischen Schmerz, einem verspürten und einem verlauteten, einem innerlichen und einem ›ausgedrückten‹ –, sondern nur eine Multiplizität von Schmerzen, deren Vielfalt zu ihrer Selbstverstrickung und Aufhaltung führt. Wenn nur der flektierte multiple Schmerz es ist, der im Flötenspiel des Midas und in der Ode Pindars ertönt, so weil jeder unflektierte nicht ertönen, sondern nur töten könnte und kein Schmerz wäre. Umgekehrt gilt aber auch: Er könnte nicht ertönen, wenn er nicht tödlich wäre, denn auch der gegen ihn selbst gewendete und aufgehaltene Schmerz bleibt Schmerz, als Schmerz aber tödlich und tödlich just darin, dass er weder zum Tod geführt hat noch gestillt worden ist.

Am Anfang steht somit ein letaler Schmerz, der in sich selbst verfangen bleibt und durch seine Selbstverstrickung – sein *diaplexein* – aufgehalten, zurückgehalten, gebannt wird: der Schmerz allein der Schmerz-Hemmung und -Verhaltung, der Schmerz in seiner *epoché*. Diese eigentümliche Struktur, die sich in der Rückspiegelung des Medusenblicks auf diesen selbst und in der Rückwendung von Pindars Ode auf ihre eigene Herkunft wiederholt, geht allen Widersprüchen voraus, denn sie geht der Sprache selbst voraus, die im Lied und im Gesang, in den Wettkämpfen und Chören laut wird. Wenn sie alle von der athenischen Flechtung eröffnet werden, dann sind sie alle von ihr derart strukturiert, dass jedes Element dieser Sprachen sich selbst verdeckt und abdrängt. Schmerz entzieht sich, indem er sich in den Spielen der Sprache bezeugt. Sein Selbstentzug ist der glückliche Fund einer *téchne*, jedoch einer *architéchne*, die jeder bestimmten technischen Verrichtung und Fertigkeit vorhergeht und in jeder das mitsprechen lässt, was sich ihr nicht fügt. Deshalb kann Pindar am Ende seiner Ode betonen, kein Segen erscheine ohne Mühe, und wenn er erscheine – *phaínetai* –, dann wider jedes Vorherwissen – *émpalin gnṓmas* – und so, dass er eines gewährt, aber anderes noch nicht (v. 28–32). Die Selbstverdeckung in der Verflechtung hält offen auf das, was sich jeder gnoseologischen und phänomenalen Bindung entwindet: den a-technischen, indefiniten, nicht-phänomenalen Schmerz. Schmerz, so kann damit gesagt sein, ist immer auch Zeit – die Zeit des ›Noch nicht‹ – und mithin Unzeit – das ›Noch nicht‹ der Zeit.

Es scheint für die Struktur von Pindars archäologischem – und, genauer, an-archäologischem – Exkurs in die Vorgeschichte seiner Dichtung und ihrer Themen nicht gleichgültig zu sein, dass darin Perseus, der männliche Heros, eine weibliche Gestalt, Medusa, zum Schutz seiner Mutter Danae enthauptet, und dass ihm dies nur unter Anleitung einer dritten, mann-weiblichen Figur, der Polisgöttin Athena, gelingt. Perseus scheint demnach vornehmlich als derjenige zu operieren, der zwischen zwei verschiedenen weiblichen Mächten sondert, den Tod der bedrohlichen zum Schutz der bedrohten herbeiführt, die eine Frau zugunsten der anderen unschädlich macht. Aber er tut es, indem er nach dem Rat der Athena mit seinem Spiegel-Schild den Blick der Medusa gegen ihn selbst wendet; und entsprechend verhält sich Athena, wenn sie die Schlangen der Euryale miteinander verflicht: Sie sondert sie voneinander, wendet sie gegeneinander und hält sie derart, schädlich und unschädlich zugleich, tödlich und verlebendigend, auf. Perseus und Athena erscheinen also als Erfinder nicht zunächst einer inter-sexuellen, sondern einer intra- und prä-sexuellen Differenz, einer Differenz im Schmerz der Euryale, der

Schützerin. Es ist diese Differenz *vor* dem sexuell Differenzierten, die das Leben der Geschlechter zu erhalten erlaubt – ein Leben *mit* seiner Trennung von sich und ein Leben *in* seiner Herkunft *aus* dem Schmerz. Die inter-sexuelle Differenz kann nicht anders als offen bleiben auf jene andere Differenz – oder anderes als eine Differenz –, die im *diaplexein* wie dem *diapherein* zwar fortwirkt, jedoch deren *dia*, dem ganz und gar Hindurch, und dem *ferre*, dem Tragen, der *dif-ferentia* auch entgleitet, da sie ihm a-chronisch und a-logisch vorausgeht. Diese *andere* Differenz, eine Afferenz, hat bei Pindar keinen eigenen Namen. Sie wird aber mitgenannt im Schmerzlaut und im Klagelied, im zweideutigen *threnos*.

2.
nosei nóson
(Sophokles 409 v.Chr.)

Im ersten Parodos des *Philoktet* von Sophokles nennt der Chor die Leiden des Philoktet *mḕ métrios*, ohne Maß (v. 178), nachdem er ihn kurz zuvor charakterisiert hat als *mónos aieí, / noseî mèn nóson agrían*, ›allezeit einsam, / an wilder Krankheit krank‹ (v. 172f.). Die Grammatiker bezeichnen dieses *noseî nóson* – an Krankheit krank, das Leiden leidend –, als ›internen Akkusativ‹, da das im Verb bereits Gesagte, und ausschließlich dieses, im akkusativischen Nomen isoliert noch einmal ausgesprochen und derart das Implikat des einen in seinem Explikat wiederholt wird, statt erweitert oder bestimmt zu werden. So auch, wenn es heißt: *cenare cenam*, *pugnare pugnam*, die Feier feiern, den Kampf kämpfen, das Leben leben. Rhetoriker erklären diese grammatische Bildung als eine *figura etymologica*, die der Emphatisierung durch Wiederholung dient; im Fall der Wendung aus dem *Philoktet* kann man sie als Spezifizierung des Leidens durch ein bestimmtes, das wilde, auffassen. Es lässt sich jedoch in diesem besonderen Kontext am besten als Formel für jeden Schmerz, jeden, sofern er wild ist, verstehen und so auch als Erklärung für seine Maßlosigkeit, seine Einsamkeit, seine Alternativ- und Ausweglosigkeit. Im *noseî nóson* wird deutlich, dass der Schmerz ein Maß allein an ihm selbst und deshalb keines hat, mit keinem anderen Schmerz verglichen werden kann und deshalb unermesslich bleibt: *mḕ métrios*, und dass der Leidende allezeit einsam, *mónos aieí*, ohne Begleiter, ohne Mitleidenden, ohne objektivierende Gemeinschaft und während einer Dauer ohne Zeitmaß leidet.

Wer an Krankheit krank ist und das Leiden leidet, der leidet nicht bloß an einem unter möglichen anderen Leiden, sondern am Leiden selbst; er leidet nicht im Unterschied zum weniger oder gar nicht leiden, leidet nicht im Unterschied zum Handeln, er verhält sich also zum Leiden nicht als einer Affektion, die auch eine andere oder keine sein könnte, sondern ist durch und durch affiziert vom Affiziertsein, betroffen vom Betroffensein, passiv vor dem Passivsein. Er erfährt, kurzum, das Erfahren, ohne dass dieses einen spezifischen oder generischen Inhalt hätte, ein empirisches Objekt, das modifikationsfähig wäre, und erfährt das Erfahren deshalb ohne Alternative, durch die es relativierbar wäre; er erfährt, ohne etwas zu tun und ohne das Vermögen zu haben, etwas zu tun. Der Leidende ist demnach der schieren Erfahrung und in ihr einer Passivität ausgesetzt, die noch dem aktiven Vermögen zu ihr vorausgeht. *Was* er erfährt, ist ununterscheidbar vom Erfahren selbst: Es hat keinen Inhalt, denn es findet keinen Widerhalt an gegebenen Vorstellungen, kann mithin wohl wahrgenommen, jedoch nicht zum Objekt von Wahrnehmungen werden, das durch andere Objekte substituiert und derart verallgemeinert werden könnte. Leiden, das erlitten wird, ist extensionslos und intentionsunfähig. Es ist also zwar einsam, *mónos aieí*, jedoch derart singulär, dass es nicht das Schema einer allgemeinen Befindlichkeit sein kann: Es lässt sich nicht zählen und deshalb nicht einmal einem numerisch Einzelnen zuschreiben; es lässt sich nicht intendieren und ist deshalb nicht das intentionale Korrelat von Akten einer wie auch gearteten Subjektivität.

Wenn also jemand ohne Maß und derart das Leiden selbst leidet, dann ist die Armatur von Kategorien entweder kollabiert oder noch nicht errichtet, die ihn befähigen könnte, als Subjekt von Vorstellungen auf eine Welt von Objekten einzuwirken, sie zu ordnen, zu modifizieren oder zu transformieren. Er ist nicht einmal fähig, das ungeordnete Gemisch von Empfindungen, das ihn leiden lässt, zu identifizieren und ihm in einem *kategorein* ›auf die Stirne zu zu sagen‹, was es ist. *Kategorein* heißt anklagen – und sodann anzeigen, an den Tag legen, aussagen –, aber das maßlose, einsame Leiden klagt nicht an, es klagt intransitiv, adressaten- und gegenstandslos, gemeinschafts- und allgemeinheitsunfähig. Es gehört nicht zur Ordnung juridischer oder epistemischer Aussagen und Urteile, für die Aristoteles und Kant ihre Listen von kategorialen Bestimmungen aufgestellt haben. Das bloße Leiden, wie es von Philoktet erlitten wird, erlaubt keine Quantifizierung, und sei es nach Einheit, Vielheit oder Allheit, es erlaubt nicht die Anwendung der Kategorie der Qualität, denn diese kommt nicht ohne die Möglichkeit einer Limitation aus, gestattet aber auch nicht die Applikation der Kategorie der Relation, denn diese müsste zu Aussagen über die Wechselwirkung zwischen Handelndem und Leidendem, zwischen Ursache und Wirkung oder über die Differenz zwischen Inhärenz und Akzidenz führen. Selbst die Kategorie der Modalität kann vom Leidenden nicht in Anschlag gebracht werden, da er nicht zwischen Möglichkeit und Unmöglichkeit, nicht zwischen Notwendigkeit und Zufälligkeit unterscheiden kann, und sein Dasein nicht in Gegensatz zum Nichtsein bringt, sondern dieses Dasein als eine Weise des Nichtseins erleidet. Die Kategorien, von Kant als Stammbegriffe des Verstandes bezeichnet und streng nach Oppositionen geordnet, beruhen sämtlich auf dem Setzungsvermögen eines Subjekts, doch dieses Vermögen geht dem Leidenden ab; er erfährt nicht die von ihm gesetzte und zusammengesetzte, die konstituierte Welt und erfährt sich selbst nicht als ihr konstituierendes Subjekt; er erfährt in diesem, kantischen, Sinn überhaupt nicht, da er allein das Erfahren selbst erfährt und damit ein Geschehen, das jedem Objekt, aber auch jedem Subjekt der Erfahrung vorausgeht. Prä-subjektiv, prä-objektiv und mithin prä-propositional, ist das Geschehen des bloßen Leidens vor-räumlich, vor-zeitig, vor-weltlich. So lässt sich einsehen, dass Philoktet, gemäß dem Mythos, wegen der Gemeinschaftsunverträglichkeit seiner Schreie und des Gestanks seiner Wunde auf einer entlegenen Insel ausgesetzt ist, und dass Sophokles ihn auf dieser Insel nicht in einer bergenden Höhle, sondern in einem Durchgang leben lässt, der von Süden nach Norden, zwischen Tag und Nacht durch einen Felsen führt, ungeschützt offen auf die unbestimmte Gesamtheit des nach Raum- und Zeit-Parametern Bemessbaren und selber leer, vor jeder Bestimmung von Zeit und Raum beider vakante Passage. Die Zeit des Philoktet, das *aieí* – allzeit – gleicht seinem interkurierenden Schmerzschrei *aiaî aiaî* (cf. 1106), sein Ort ist kein begrenzter Topos, sondern der leere, atopische Zwischenraum aller Orte.

Etwa ein Jahrhundert nach der Tragödie des Sophokles hat Aristoteles in der Erläuterung der Kategorie des Erleidens – des *pathos* – in der »Metaphysik« (1022b 15–21) über deren Verwendung die paradoxe Auskunft gegeben, *pathos* bezeichne eine Beschaffenheit (eine Qualität), jedoch ausschließlich eine solche, die Veränderungen – *alloiṓseis* – erfahren könne oder bereits erfahren habe, und zwar vornehmlich schädliche – *blaberaì* – Veränderungen und unter diesen wiederum schmerzhaft schädliche – *lypēraì blábai* – sowie übergroße Unglücksfälle – *megéthē tōn symphorôn* – und Schmerzen – *lypērôn*. *Páthos* heißt demnach die Affektion einer Affektion, doch mit dem ›übergroß‹ und schon mit dem ›schädlich‹ und dem ›schmerzhaft schädlich‹ wird von dem Philosophen, der die Philosophie zur Ontologie und Kategorienlehre umgebildet hat, eine Alteration der Affektion charakterisiert, die die Grenzen der kategorialen Bestimmung ›Affektion‹ übersteigt. *Páthos* ist nach dieser Charakterisierung diejenige Affektion, die ihrerseits einen solchen Schaden leidet, dass die Kategorie des *pathos* ihre Bestimmungskraft einbüßt. Sie sagt dem, was zu sagen ist, nicht ›auf den Kopf zu‹, was es ist, sondern sagt, dass es *nicht ist*, sondern verfällt – und verfällt darüber selbst. Indem die Aussage über die Aussage ›páthos‹ deren und ihren eigenen Aussagecharakter dementiert, dementiert sie das Programm der Kategorienlehre und mit diesem das einer Ontologie, die den Anspruch erhebt zu bestimmen, was Seiendes in seiner Seiendheit ist. Schmerz, kurzum, ist kein ontologisch konstatierbarer Sachverhalt, da er als übergroßer – *megéthē* – Schaden an der *physis* das extreme Phänomen des Entzugs aller Phänomenalität ist.

Aristoteles bleibt seiner antikategorialen Bestimmung des *páthos*, seiner Bestimmung zur Bestimmungslosigkeit auch in seiner Schrift *perì poietikes* treu, indem er es als verderbliches oder schmerzliches Geschehen charakterisiert – *prâxis phthartikḕ ḕ odynērá* – und als Beispiele dafür Todesfälle auf offener Bühne nennt, Schmerzanfälle, Verwundungen –

trṓseis – und dergleichen mehr (1452b 11). Wenn derart schweres Leid wie das *pathos* als drittes Element der Tragödie sich mit den beiden anderen, der Peripetie und der Anagnorisis, verbindet, dann werden nach Aristoteles *éleos kaì phóbos* – Mitleid und Angst – erregt, also solche Affekte, die sich auf das Dasein von Anderen und das eigene Selbst beziehen, jedoch an keinem von beiden einen Anhalt finden könnten. *Páthos* ist demnach als dasjenige Erleiden zu verstehen, das über jedes, auch das ›eigene‹, Maß hinausgeht und mit einer begrenzenden, maßsetzenden Kategorie nicht mehr ansprechbar ist. Es eröffnet denjenigen Bereich der Erfahrung, in dem die apophantische, definierende, prädikative Sprache und somit die Sprache der Ontologie versagt.

Kategorien gehören, auch wenn sie im Extremfall versagen, zur Technik der Schmerzbegrenzung durch Benennung und Definition. Die *téchne*, die Sophokles in seinem *Philoktet* auf die Bühne bringt, wird nicht zu Unrecht mit ›List‹ oder ›Tücke‹ übersetzt. Sie setzt den Schmerz des Protagonisten, seine Sehnsucht nach Linderung und Heilung durch die *philía* seiner Kampfgefährten, dazu ein, ihn nach Troja zurückzubringen, damit er mit dem Bogen, den er von Herakles übernommen hat, die feindliche Stadt nach zehnjähriger Belagerung endlich zu Fall bringt. Das Versprechen, er werde vom Schmerz erlöst, dient als technisches Mittel, ihn wieder in den Kolonisierungs- und Rachekrieg von Hellas gegen Ilion hineinzuziehen. Damit wird dem Schmerz des Philoktet ein Ziel und eine Grenze gesetzt; aber die Integration in ein gewaltiges politisches Unternehmen, das in der Rückführung der Helena gipfeln sollte, kann ihn nicht zur Gänze heilen. Philoktet gewinnt wohl seine Kampffähigkeit zurück, muss jedoch, wie spätere Geschichtsschreiber wissen wollen, dennoch an seiner Wunde sterben. Seine Schmerzen, auch wenn sie an andere weitergegeben und zu Schmerzen einer ganzen Welt und ihrer Geschichte sozialisiert worden sind, haben ihn niemals verlassen.

3.
tute tibi imperes
(Cicero 45 v. Chr.)

Cicero lässt die zweite der *Tusculanae disputationes* um die Frage kreisen, ob Schmerz ein Übel – ein *malum* – oder nicht vielmehr das kleinere Übel gegenüber der Schande – dem *dedecorum* – und deshalb, so wird erwogen, gar kein Übel sei. Um ihre Überzeugungen zu beglaubigen, berufen sich die Disputanten, die Cicero gegeneinander antreten lässt, auf historische Autoritäten, aktuelle Gewohnheiten, philosophische Lehrmeinungen und Szenen aus dem Kanon der griechischen und römischen Literatur. Mehr als einmal wird als Beleg für die eine oder für die entgegengesetzte These der *Philoktet* des Sophokles herangezogen, vorzugsweise in seiner lateinischen Bearbeitung, weil diese angeblich weniger zur Weichlichkeit einlädt als das griechische Original (II,49). Philoktet gilt zunächst als ein Leidender, dem sein Schreien ebenso verziehen werden muss wie dem Herakles sein Gebrüll, denn in ihren Klagelauten zeigt sich der Schmerz an seiner äußersten Grenze als ›hart, bitter, der Natur feindlich, schwer zu erdulden und zu ertragen‹ – *aspera, amara, inimica naturae, ad patiendum tolerandumque difficilis* (II,18). Was *difficilis* ist, das ist, lässt man dem Wort das Gewicht, das die Römer ihm beilegen, kaum zu machen; fast nicht zu ertragen; *inimica naturae,* nicht nur widrig, sondern unversöhnlich der Natur entgegenstehend, ein Leiden, das sich nicht abwehren lässt, vor dem jede Haltung und noch jede tragende Kraft des *patere*, der *patientia* und der *passio* versagen. Die definitorische Erklärung, die Cicero gegen die Lehren der Stoa richtet, verdeutlicht die zermalmende Gewalt, die dem Schmerz zuerkannt wird, und zugleich das intrikate Problem, das er denen bieten muss, die ihn nicht für das größte aller Übel halten wollen: ›Alles‹, so lautet diese Erklärung, ›was von der Natur abgestoßen wird, gehört zum Übel, alles, was sie an sich zieht, zum Guten‹ – *omnia quae natura aspernetur, in malis esse, quae adsciscat, in bonis* (II,30). Damit ist behauptet, dass der Schmerz als ein Übel gar nicht zur Natur gehört, sondern zum Wider- und Unnatürlichen; dass er im menschlichen Wahrnehmungskreis nicht erscheinen und mit den Phänomenen der Natur und der ihr korrespondierenden Seele – des *animus* – nicht verglichen werden kann. Deshalb heißt der Schmerz, und selbst der größte, der von Herakles und von Philoktet erlitten wird, *non comparanda* – nicht zusammen erscheinend –, und deshalb kann von ihm sogar behauptet werden, er sei überhaupt gar nichts – *nihil est plane dolor* (II,31). Wenn jedoch der Schmerz nichts ist und nichtig, dann muss er, allen entgegenstehenden sinnlichen Neigungen zum Trotz, als nichtig aus dem praktischen Verhalten und sogar aus der sinnlichen Erfahrung ausgeschlossen werden.

Das Postulat einer Natur, die den Schmerz als sinnliche Überlastung und deshalb als widernatürlich verwirft, führt zum Imperativ, ihn durch pädagogische Disziplinierung, militärische Übung und philosophische Argumentation praktisch zu bezwingen. Damit der Schmerz nichts sei, so lässt sich Ciceros zivilisationspolitische Direktive resümieren, muss das Nichts, das er ist, als eben dieses Nichts erwiesen und immer wieder seiner Nichtigkeit überführt werden. Unter diesem Imperativ können das Geheul und das Gewimmer des Philoktet nicht mehr als verzeihlich erscheinen. Sie sind weder tapfer noch großgesinnt, weder geduldig – *patientem* – noch würdig noch das Menschliche verachtend – *humana contemnentem* –, und sind, so wird suggeriert, eben darum selber verächtlich (II,33). Wo allein die Alternative zwischen dem Gut der Natur und der Tugend einerseits und dem Übel der Unnatur und des Schmerzes andererseits gilt, da ist entweder das Gut der naturgemäßen Tugend nichtig oder jeder Schmerz zu verachten: *contemnendus omnis dolor* (II,31).

Gegen dieses *contemnendum* kann innerhalb des Schemas, in dem Cicero sich bewegt, allein ein *sese continere*, gegen das Zu-Verachtende allein das Sich-Zusammennehmen helfen. *Tu te continebis*: ›du wirst dich zusammennehmen‹, so lautet der Imperativ der Bezwingung des Schmerzes, der zugleich der Imperativ der Naturalisierung der Natur und der Disziplinierung zum republikanisch Guten ist. Da es ein Gutes nicht wäre, wenn es zu einem Guten nicht beharrlich gemacht würde, muss die ciceronianische Direktive gebieten, den unerträglichen Schmerz in einen erträglichen zu verwandeln und so den praktischen Beweis zu erbringen, dass jeder Schmerz erträglich ist: *dolorem omnem esse tolerabilem* (II,42). Um diese entscheidende Wendung herbeizuführen, kann Cicero es bei einer abstrakten tugendmoralischen Mahnung nicht belassen, er muss sie vielmehr aus einer anthropologischen Disposition begründen, aber begründen kann er sie nur, indem er den Schmerz nicht statisch von der Natur ausgeschlossen sein lässt, sondern Natur, und zunächst die menschliche, dadurch definiert, dass sie den Schmerz progressiv ausschließt und ihn auszuschließen nicht aufhört. Deshalb muss eingeräumt werden, Schmerz sei ein innerkörperliches Ausland, ein *motus asper in corpore alienus a sensibus* – eine ›harte Bewegung im Körper, die den Sinnen feindlich ist‹ (II,35) –, und er sei Schmerz allein als derjenige, der ›sticht oder sich sogar eingräbt‹ – *dolor pungit vel fodiat sane* (II,33); Schmerz muss demnach dem Körper und der Seele im Innersten als das angehören, wovon sie ausgehöhlt wird, muss als eine der Natur widrige Regung, eine Regung der Natur wider sie selbst sein. Nur deshalb kann das Gebot an das Du ergehen: *tu te continebis*, und allein deshalb kann es verschärft wiederholt werden in dem Imperativ: *tute tibi imperes*, ›du selbst sei Herrscher über dich selbst‹ (II,47). Beide Direktiven unterstellen jedoch ein doppeltes Du, deren eines als beherrschendes auf das andere als zu beherrschendes einwirken muss. *Quasi duo simus*, so beschreibt Cicero die Grunddisposition des Menschen (II,47): Es ist als wäre jeder von uns zwei Wesen. *Est enim animus in partis tributus duas.* Der eine dieser zwei Seelenteile hat an der Ratio teil, der andere steht ihr unbeteiligt gegenüber. Dieser zweite, weich, niedrig, entnervt und formlos – *nihil deformius* (II,47) –, der Schmerz muss vom rationalen Seelenteil, so präzisiert Cicero seinen Imperativ, *vinciatur et constringatur*, gefesselt und geschnürt, zusammengebunden, gebannt und umschränkt werden. Fesselung, Bindung und Bannung sind der einzige Inhalt und sind zugleich die einzige Form des anthropologischen und zugleich ontologischen Imperativs, sie sind die Formung einer Form, die die Natur vom formlos Naturfeindlichen befreit und sie in ihrem beharrlichen Wesen erhält. Diese Konstriktion wird von der Scham, der *pudor*, in der sich der Körper von sich selbst trennt, sie wird, nach dem Muster dieser Selbstausschließung, vom Zwang des Herrn auf den Sklaven, von der Gewalt des Imperators auf den Soldaten, vom Druck des Vaters auf den Sohn ausgeübt: jeweils also von Männern auf Männer, jedoch auf diese wie auf Frauen und um zu verhindern, dass sie wie Frauen dem Schmerz nachgeben und sich dem von Cicero zutiefst verachteten weibischem

Klagen und Weinen – *lamentis muliebriter lacrimisque* – überlassen (II,48).

Die Technik der Fesselung und Konstriktion des Schmerzes – *vinciatur et constringatur,* so hieß es – ist also eine Technik nicht so sehr der Vernichtung, sondern der Formierung des bloß sinnlichen Schmerzes durch einen zweiten, den imperativen und imperialen Schmerz, der ihm Grenzen setzt und ihn, strictu sensu, determiniert, indem er ihm eine Richtung aufdrängt und ihm einen Sinn zudiktiert. Ohne Bindung und Bändigung, ohne diese primäre Formung würde der Schmerz die Aushöhlung des Lebens fortsetzen und mit diesem auch sich selbst vernichten; erst der gebundene Schmerz ist der kognitiv erfasste, rational beherrschte und praktisch verwendbare: der *als* Schmerz identifizierte Schmerz, der eben darum nicht mehr als *Schmerz,* sondern als Kraft des Lebens gefühlt wird. Die Konstriktion, die Ciceros Imperativ diktiert, ist demnach keine ontologische Technik, sie ist vielmehr eine Technik der Ontologisierung: Sie macht aus dem, was als *nihil* alles durchquert und entleert, einen Impetus zum Sein der Natur und ihrer Einheit. Das *constringere, continere* und *imperare* verbindet den einen Schmerz mit dem anderen und konvertiert derart seine tödliche Diffusion in die eine und einende Kraft der Konservierung und Konsolidierung der Natur. Der Imperativ der Schmerzbewältigung erzwingt Sein.

Wenn Cicero kaum eine Gelegenheit versäumt, das ›weibische‹ Klagen mit Anklagen zu überziehen, und wenn er dem Mann – dem *vir* – ein Maximum an Kraft, *vis,* und an

Tauglichkeit und Tugend, *virtus*, zugutehält – *appellata est enim ex viro virtus* (II,43) –, so bezeichnet dieser Virismus, Virtuismus und Visismus in seiner sexualontologischen Rhetorik mehr als nur die Behauptung einer Suprematie des männlichen über das weibliche Geschlecht. Der Imperativ des *tute tibi imperes* wird vom *dominus*, vom *imperator* und vom *pater* nämlich nur als von den Exekutoren einer *ratio* dekretiert, die Cicero mit seltener Emphase als *domina omnium et regina* charakterisiert (II,47). Der *vir*, aber auch der *imperator* und selbst der *pater* wirken also als Transmissionsinstanzen zwischen den beiden weiblichen Positionen der obersten Regentin und der niedrigsten Sklavin, sie wirken als Scharniere zwischen der Schmerzlosigkeit der Vernunft-Seele und der Schmerzverfallenheit der Sinnen-Seele, somit als Agenten einer intra-femininen Differenz und als Advokaten der Beherrschung dieser Differenz zugunsten ihres einen und einenden Extrems, zugunsten nämlich der *ratio* als der *domina omnium et regina*. Erst die Konstriktion, die von dieser regalen Macht ausgeübt wird, kann definieren und sich selbst als Definitionsmacht definieren, und sie tut es, laut Cicero, indem sie sexuelle Positionen definiert, die *als* definierte – sei's als weiblich, weibisch oder männlich definierte – allesamt unter ihrem Verdikt und in ihrem Dienst stehen. Die *domina omnium* ist die rationalisierende, die naturalisierende, die naturationalisierende und somit ontologisierende Macht aber zunächst deshalb, weil sie den Schmerz fesselt. Sie fesselt und konstringiert ihn, indem sie ihm eine Bestimmung gibt.

Sie gibt ihm eine Stimme und bringt ihn zur Sprache. In der Diskussion um den Schmerz im zweiten Buch der *Tusculanen* ging es von Anfang an um die Verlautung des Schmerzes, darum ob er *lamentatio* und *clamor* oder nur ein Seufzen, ein *ingemescere* sein dürfe. An ihrem Ende konzentriert sich die Argumentation auf die Hervorbringung der Stimme überhaupt und findet in ihrer Konstitution just jene Fesselung und Verengung am Werk, die der Imperativ des Sich-Zusammennehmens gebietet. Wie nämlich von angespannten Körpern – *contentis corporibus* – drückende Lasten leichter getragen werden, so wehrt auch die Seele durch ihre Anspannung – *intentione* – den Druck von Schmerzen ab und erträgt sie (II,54). *Contentio* und *intentio animi et corporis* übernehmen durch Schmerzdruck gegen den Schmerz als funktionale Äquivalente des *continere* und *constringere* die Aufgabe, eine Stimme – *vox* – hervorzubringen, die kraftvoll genug ist, dem Schmerz, auch ohne etwas zu sagen, einen Widerhalt und eine Form zu geben. Indem er sich auf das Schreien und das Stöhnen von Athleten, Läufern und Ringkämpfern beruft, macht Cicero klar, dass eine Stimme nur durch Anspannung hervorgebracht wird, dass Anspannung Körper und Seele zusammenreißt, dass diese Kontraktion größte Schmerzen in den Dienst einer Leistung stellt, die eben diese Schmerzen vergessen macht. Die Seiten, die Kehle, die Zunge, den ganzen Körper anzuspannen – *intendere* –, das lässt die Stimme hervorgehen und dient der Anspannung der Stimme – *contentioni vocis* –, der Anspannung einer Stimme, die selbst nichts als Anspannung ist (II,56f.). Wenn Cicero bemerkt, dass allen Dingen, nicht allein dem Schmerz, mit derselben Anspannung der Seele - *contentione animi* - begegnet und widerstanden werden müsse - *resistendum est* - (II,58), dann ist deutlich, dass die Stimme nichts anderes ist als die Trägerin von Schmerzen; dass sie nichts als die Verlautung von Schmerzen ist; dass sie diese Schmerzen trägt, erträgt und austrägt, indem sie ihnen einen Widerstand, eine Fesselung und Bindung entgegensetzt; dass die Stimme den Schmerzen - *ihren* Schmerzen -, und erst mit diesen auch allen anderen Dingen, Form, Richtung und Sinn gibt; und dass sie es ist, die die Schmerzen durch ihre Formung und Fesselung, ihre Intention und Kontention aus einem tödlichen Stoß in ein Ereignis des Lebens verwandelt.

Cicero lässt seine Protagonisten in den *Tusculanae disputationes* diesen Befund nicht eigens formalisieren. Es ist jedoch klar, dass die Stimme, sofern sie nur Stimme ist, die Trägerin des Todes und die Zuträgerin dieses Todes zum Leben sein muss, dass sie also niemals und zu keiner Zeit bloß eine lebendige Stimme sein oder gewesen sein kann, ohne die tödliche Leere, den Stich und die Höhlung, den der Schmerz zufügt, in ihr Leben zu tragen. Es sollte ebenso klar sein, dass die Konstriktion, die zur Verlautung verhilft, nie zur Okklusion der Stimmröhre führen darf und somit nie zur Ausschließung des Schmerzes; es ist deshalb weiterhin klar, dass die *intentio* immer eine Lücke freigeben muss, die intentional nicht gefüllt werden kann; dass der Schmerz und die *deformitas* des niederen, verächtlichen, weichen Seelenteils, der keinen Teil an der *ratio domina et regina* und keinen an ihren virilen oder virtuosen Advokaten hat, für die Stimme unverzichtbar bleibt. Daraus ergibt sich überdies, dass der unartikulierte und unartikulierbare, der weder generisch noch sexuell konturierbare Schmerz eine Bedingung der Stimme – und mithin jeder Sprache, der menschlichen wie aller anderen – und zugleich die Unform ihres Ruins bleiben muss; dass, kurzum, jede Stimme – und jede Sprache –, so lebhaft, kraftvoll und imperial sie sein mag, auf einen anontologischen Schmerzrest angewiesen bleibt und ohne das, was in ihr nicht verlauten kann, nicht verlauten könnte. Es muss dies ein Schmerz sein, der niedriger als niedrig, weicher als weich, formloser als formlos ist: ein *infra nihil*, das sich der Formung, Regelung und Bindung entzieht und noch in seinen Fesseln den Fesseln entgleitet. Es gäbe keine Stimme und keine Bestimmung der Stimme und durch die Stimme, wenn die Stimmritze nicht offen bliebe und die Konstriktion, die Kontention und Intention nicht eine leere Passage für das bieten würde, was sich im Imperativ diesem Imperativ selbst, in der *ratio* ihrer Regierung und im Zusammennehmen dem Zusammen wie dem Nehmen entgeht. Es kann das in Ciceros Konstruktion nur eine Regung sein, die nicht *als* Schmerz und nicht im *Sinn* von Schmerz erscheinen kann, nur, kaum merklich, als Hauch, Timbre, Vibration und Erzittern.

4.
aliena corpora
(Seneca 41)

Schmerz ist, was zu viel ist. Je quälender er jedoch ist, desto weniger *ist* er. Diese widersinnige und wider-sinnliche Wende im Schmerz, die ihn zu verstummen zwingt und, ohne dass er darum aufhörte, Schmerz zu sein, ihm seine Mitteilbarkeit, seine Kontur und in der Ohnmacht sein Dasein raubt, macht jede Bemühung, ihn durch Trost zu lindern, zunichte. Vor diesem Dilemma steht Seneca, als er im Jahr 41 auf Betreiben von Messalina nach Korsika verbannt wird und seine Mutter Helvia über den Schmerz des Abschieds von ihrem Sohn zu trösten versucht. Er muss einräumen: Die ganze Größe des Schmerzes, der das Maß überschreitet – *magnitudo doloris modum excendentis* –, raubt notwendig die Fähigkeit, Worte zu wählen und macht oft sogar die Sprache des Tröstenden verstummen – *saepe vocem quoque ipsam intercludat.* (*Ad Helviam matrem de consolatione*, I,3.) In seinem Brief ›über den Trost‹ nimmt Seneca deshalb Abstand vom Trösten und schlägt den entgegengesetzten Weg ein, den eigentlich stoischen der Vertiefung des Schmerzes. Er ruft seiner Mutter nämlich in Erinnerung, dass ihr ganzes Leben seit ihrer Geburt von Schmerzen, Verlusten und Beschädigungen geprägt war, dem Tod ihrer Mutter im Kindbett, der Ächtung des Vaters und seinem Selbstmord, der Verbrennung seiner Bücher auf Anordnung des Senats, dem Tod ihres Onkels, ihres Manns, ihrer Kinder, ihrer Enkelkinder. Dem Leben, so schreibt er, bist du gleichsam ausgesetzt worden – *quodammodo exposita es* (II,4) –, ausgesetzt dem Leben nicht *wie* dem Tod, sondern *als* dem Tod. Mit dem trostlosen Eifer des Sadisten, der gemeinsame Sache mit diesem Tod ›Leben‹ macht, erinnert er sie: ›Eben erst hast du in demselben Schoß, aus dem du drei Enkel hattest hervorgehen lassen, die Gebeine dreier Enkel gehalten‹ (II,5). Es fehlt nicht viel und dieser Schoß seiner Mutter würde selbst als die Geburtsstätte des Todes bezeichnet werden. So tief das Grauen sein mag, das Seneca, der von der Mutterstadt Rom Verbannte, vor diesem Tod empfindet, er versucht, jedes Pathos, jede Passion und jede Passivität durch die Steigerung eben dieses Pathos, dieser Passion und dieser Passivität zu bannen. Seine stoische Therapie ist eine Homöopathie: Durch die Vermehrung der Übel will er das Gut des Gleichmuts erreichen. Nicht auf sanftem Wege ist zu heilen, sondern durch Brennen und Schneiden (II,2). Die Formel seiner Pathodizee lautet: Dieses *eine* Gute hat ununterbrochenes Unglück, dass es die von ihm Gepeinigten zuletzt härtet (II,3). Er selbst, Seneca, bietet sich seiner Mutter als Exempel für diesen Triumph einer Härte ohne Klage an, denn er behauptet von sich, kein Leid zu empfinden, nicht unglücklich zu sein, ja nicht einmal unglücklich sein zu *können* (IV,2–3). Er kann es nicht, weil er kein Glück erwartet, sondern nur Schmerzen, Armut, Entehrung, Verachtung. Er klagt nicht, da er sich selbst als gleichsam fremden Körper – *velut aliena corpora* – behandelt (III,1) und den Abstand – das *intervallum* – zwischen sich und allen Glückserwartungen groß hält (V,4). Er steigert also den Schmerz nicht nur, er verabsolutiert ihn und findet darin seine Ablösung, seine Absolution von ihm. Indem er den Schmerz denkt und als Regel erkennt, erkennt er sich selbst als Erkennenden, alle Gesetze der Hinfälligkeit kraft der Ratio Überwindenden und erhebt sich über sie in einer Himmelfahrt des Bewusstseins, die ihn zum Nachbarn der Götter macht. Nach Maßen der Ratio gebietet die Weisheit – *sapientia* –, den Schmerz nicht etwa bloß zu begrenzen, sondern ihn zu besiegen, *vincere dolorem tuum, non circumscribere* (IV,1): *vincere,* so lässt sich pointieren, nicht aber *vincire,* nicht umwinden und fesseln, noch weniger zusammenflechten – das *diaplexein* Pindars ist hier weit entfernt –, sondern niederhalten, bemeistern, beherrschen und mit ihm den gesamten Bereich leiblicher Sensationen anullieren. Der Sieg über den Schmerz soll jede Klage zum Verstummen bringen, wo seine Verflechtung ihm eine Stimme, den Klang der Klage, der Ode und der Musik verlieh und zur *eúklea laossóon*, der völkerverbindenden Ruferin erhebt. Der Sieg über einen Schmerz, der verstummen macht, soll noch das Verstummen selbst verstummen machen, und müsste deshalb verbieten, auch nur ein einziges Wort der Klage oder auch des Triumphs über ihn herauszubringen. Dass aber Seneca, statt vom Schmerz zu schweigen, weiteren Schmerz zufügt und darüber mahnend, kritisierend, reglementierend und geschwätzig zu dozieren nicht aufhören kann, desavouiert seine Trostschrift – desavouiert jede der zahllosen von ihr armierten christlichen, barocken, romantischen und sogenannten modernen Adaptationen – und erweist sie als hypokritische Klageschrift. Im stoischen Sieg über den Schmerz triumphiert der Schmerz und wird als aktiv zugefügter wie passiv erlittener zur imperativen und imperialen sado-masochistischen Weltmacht. Die Unterdrückung der Klage, inzwischen mit allen Sedierungs-, Narkotisierungs- und Apathisierungstechniken von einem global operierenden psycho-pharmazeutischen Komplex zur Selbst-Unterdrückungs-Industrie ausgebaut, ist selbst noch eine Klage. Nur: Sie ist so zugerichtet, dass möglichst niemand mehr von ihr redet, niemand mehr von ihr hört, niemand mehr von ihr erfährt. Die Schmerz- und die Klage-Abwehr, die Betäubung der Sinne gegen den eigenen wie gegen den Schmerz von Anderen, sie ist nicht weniger als eine Erfahrungs-Abwehr, eine Spracherfahrungs-Abwehr, eine progressive Sprach- und Erfahrungs-Paralyse. Sie dissoziiert die Gesellschaften und spaltet noch jedes ihrer Atome, mit dem absehbaren Effekt nicht einer Explosion, sondern einer globalen Implosion.

5.
Gefühl a priori
(Kant 1788)

Kant, nach Aristoteles der zweite unter den Philosophen, die den Versuch unternommen haben, die Möglichkeit einer Ordnung der Erfahrung und der Erkenntnis in Kategorien zu fundieren, hat seinen Versuch nicht auf den Schmerz ausdehnen können, diesen vielmehr als *Stachel* zum Leben allen objektiven Erfahrungen vorausgehen lassen und als diesen *Stachel* auch jener Tätigkeit des Subjekts vorausgeschickt, die dessen Erkenntnis, aber auch dessen praktisches Verhalten auslöst. In seiner *Anthropologie in pragmatischer Hinsicht* von 1798 heißt in diesem Sinn: *Die Natur hat den Schmerz zum Stachel der Tätigkeit in ihn [den Menschen] gelegt, dem er nicht entgehen kann: um immer zum Bessern fortzuschreiten, und auch im letzten Augenblicke des Lebens ist die Zufriedenheit mit dem letzten Abschnitte desselben nur komparativ* [...] *so zu nennen; nie aber ist sie rein und vollständig.* Von der *tatlosen Ruhe* und dem *Stillstand der Triebfedern* bemerkt er: *Eine solche aber kann eben so wenig mit dem intellektuellen Leben des Menschen zusammen bestehen, als der Stillstand des Herzens in einem tierischen Körper, auf den, wenn nicht (durch den Schmerz) ein neuer Anreiz ergeht, unvermeidlich der Tod folgt.* (BA 175f.) Wer nicht leidet, so ist damit gesagt, der ist tot. Schmerz ist der Anreiz zum Leben, und wenn die Verstandes- und Vernunftleistungen eines Wesens dessen Leben zu erhalten, zu ordnen und zu steigern vermögen, dann verdankt sich dieses Vermögen dem Schmerz als dem *Stachel*, der alle Konstitutionsleistungen antreibt, jedoch zugleich ihre Unvollständigkeit, ihr Ungenügen und somit ihre Beschränktheit, ihre Endlichkeit indiziert. Das Leben verdankt sich mithin dem Schmerz als dem Gefühl des Unvermögens, zu leben, nicht mehr oder noch nicht zur Gänze zu leben, eine beliebige Ordnung oder Form des Lebens nicht gefunden zu haben und weder epistemisch noch praktisch zu irgendeiner Zeit des Lebens – und sei es *im letzten Augenblicke* – zum Leben selbst finden zu können. Allem Leben voraus, ist der Schmerz demnach der Wächter des Lebens, indem er Wächter der Unvollständigkeit des Lebens und so erst der seiner – immer imperfekten – Perfektibilität ist. Keinesfalls kann der Schmerz also für Kant als bloße Passivität im Gegensatz zur Aktivität innerhalb einer kausal-mechanischen Relation kategorial erfassbar sein, er muss als ein sinnlich-widersinnliches Gefühl noch der Rezeptivität der reinen Sinnlichkeit vorausgehen und diese Rezeptivität überfordern. Es gäbe demnach keine Kategorien *ohne* den Schmerz, es gibt keine Kategorien *für* den Schmerz, deshalb kann es keine Kategorien geben, die das Leben jenseits von kausal-mechanischen Relationen und anderen kategorialen Armaturen zu bestimmen fähig wären. Als *Anreiz* und *Stachel* des Lebens ist Schmerz der Grundriss des Lebens, doch dieser Grundriss so, dass er weder Ursache noch Ziel in diesem Leben selbst, in seinem Subjekt oder seinem Objekt, finden kann. Ist nicht eines unter anderen Gefühlen, sondern das einzige Gefühl a priori: Es geht allen anderen, bestimmten Gefühlen voraus, indem es selbst kein bloß empirisches Gefühl, sondern als solches bereits ein intellektuelles:praktisches ist *Stimulus, Irritabilität*. (Dazu weiter *Kritik der praktischen Vernunft*, BA 192–194.)

6.
Das harte Wort
(Hegel 1807)

Kants Fragentrias aus seiner Logik-Vorlesung: »Was kann ich wissen?«, »Was soll ich tun?«, »Was darf ich hoffen?« und ihr Resümé: »Was ist der Mensch?«, können nicht mehr als Grundfragen bestehen, sobald sie mit der weiteren Frage konfrontiert werden, ob es denn jeweils ein »Was« sei, das gewusst, getan, erhofft werden könne, solle und dürfe, und ob denn auch der Mensch, nach dem gefragt wird, überhaupt ein »Was« sei. Sobald überdies noch die zweite Gegenfrage gestellt wird, ob Wissen, Handeln, Hoffen und Sein ausschließlich oder auch nur vornehmlich Gegenstände des Wissens, des Bewusstseins und der Gewissheit seien, können die von Kant aufgeworfenen Fragen nicht mehr als solche gelten, mit denen die erfragte Sache auf einen gesicherten Grund hingeführt wird. Die erste dieser Gegenfragen betrifft im »Was« die substanziellen Gegenstände eines Bewusstseins, die zweite betrifft im »ich« und »der Mensch« das Subjekt dieses Bewusstseins. Wie die kantischen Fragen sind auch die Gegenfragen in der Geschichte der Philosophie, mit wechselnden Akzenten, gestellt und beantwortet oder für unbeantwortbar erklärt worden. Der Stoa war das oberste Wesen, das Gute, das zu wissen und zu tun ist, unbewegt und zu Eingriffen in Handlungen nicht disponiert; die frühe Skepsis forderte, mit Urteilen über das Wissbare zurückzuhalten und sich mit dem Gewohnten und also mit dem zu bescheiden, was im emphatischen Sinn weder gewusst noch getan, weder erhofft noch als seiend erfahren werden kann. Während die Stoa sich mit einem ebenso formellen wie leeren Wesen begnügt, aus dem sich keine reinen Kriterien für Wissen und Handeln ergeben, findet die Skepsis zu jedem denkbaren Satz einen nicht minder denkbaren Gegensatz und kann nur ein Subjekt vorstellen, das sich im Widerspruch zu sich selber verliert. Die Fragen nach Substanz und Subjekt des Bewusstseins werden durch die stoischen Antworten und die skeptischen Gegenfragen also nicht etwa einer Lösung zugeführt, sie führen vielmehr zu einer Entleerung der Substanz und einer Entzweiung des Subjekts, die auch nach den kantischen Fragen nicht behoben sind und jede Selbstvergewisserung ohne Grund und Gegenstand lassen.

So zumindest lautet, grob schematisiert, Hegels Diagnose der philosophiegeschichtlichen Lage, in die er mit seiner ›Wissenschaft der Erfahrung des Bewußtseins‹ eingreift. Da diese Erfahrung nur eine geschichtliche sein kann und nur eine Erfahrung, die das Bewusstsein als Subjekt von eben diesem Bewusstsein als der Substanz dieses Subjekts macht, kann ihm weder eine dogmatische noch eine bloß historische – oder, mit Nietzsche zu reden, antiquarische – Antwort genügen. Den leeren Formalismus der Substanzphilosophie und die unauflöslichen Widersprüche der Subjektphilosophie versteht er nicht etwa als historische Irrtümer, denen eine ohnmächtige Korrektur nachgeschickt werden müsste, sondern als philosophische Erfahrungen eigenen Gewichts, die gerade wegen ihrer Insuffizienz Geschichte gemacht haben. Am Kreuzungspunkt zwischen leerer Substanz und zerrissenem Subjekt kann er deshalb auf das eigentlich historische und eminent philosophische Ereignis treffen, auf die in jedem Sinn ausgezeichnete Erfahrung, die das Bewusstsein – und zwar jedes – von sich und mit sich selbst zu machen nicht vermeiden kann. Es ist dies, für Hegel, die äußerste denkbare Erfahrung, nämlich die, weder Subjekt noch Substanz – jedoch eben darin die Erfahrung, beide in einem zu sein.

Diese für jede formale Logik, aber auch jede formale Dialektik unfassbare Erfahrung findet in der *Phänomenologie des Geistes* zu Beginn des Kapitels »Die offenbare Religion« eine bündige Darstellung, die an die Analyse des Verlustes der Selbstgewissheit in der Tragödie und des Untergangs der griechischen »Kunstreligion« in der Komödie, an die Analyse des *unglücklichen Bewußtseins* sowohl der Stoa wie der Skepsis anschließt und aus beiden den Schluss zieht. Hegels Darstellung resümiert ihn in dem Satz: *Es ist das Bewusstsein des Verlustes aller* Wesenheit *in* dieser Gewissheit *seiner und des Verlustes eben dieses Wissens von sich – der Substanz wie des Selbsts, es ist der Schmerz, der sich als das harte Wort ausspricht, dass* Gott gestorben ist. (PhG, 523) Ob dieses *harte Wort* vom Tod Gottes sich nun auf den Tod des christlichen Messias am Kreuz oder auf den Ruf: ›Der große Pan ist tot‹ bezieht, von dem Plutarch berichtet: Der Schmerz, der sich in diesem *harten Wort* ausspricht, ist der Schmerz des Bewusstseins, sich selbst verloren zu haben.

Es hat sich verloren in der Gewissheit seiner selbst als der Substanz, da diese Gewissheit sich von jeder beharrenden *Wesenheit* vom Typ der aristotelischen *ousía* abgelöst hat, und es hat sich eben damit verloren auch als *Wissen von sich* als einem beständigen Selbst, das die Gegenstände seiner Erfahrung zu konstituieren und zu sichern vermag. Schmerz ist demnach das unabweisbare Bewusstsein, dass das Bewusstsein weder Bewusstsein von einem ihm inhärenten Wesen, noch ein Bewusstsein von ihm selbst als einem konstitutiven Subjekt ist. Es ist Bewusstsein, jedoch Bewusstsein *von* keinem außer ihm Seienden, in dem es seinen Grund finden könnte, und Bewusstsein *von* keinem Wissen, das in diesem selbst fundiert sein könnte. Es ist mithin das Bewusstsein, kein fundierendes Sein zu haben, und das Bewusstsein, selbst kein Wissen zu sein. Hegels Satz vom *harten Wort* behauptet ja: *Es ist das Bewusstsein des Verlustes aller* Wesenheit *in* dieser Gewissheit *seiner und des Verlustes eben dieses Wissens von sich.* Da es Bewusstsein ohne Sein und ohne Wissen ist, kann es nur ein solches von seinem Verlust, kann nur wesen- und haltloses Bewusstsein von seiner Subjekt- und Substanzverlassenheit, somit ein Bewusstsein seiner Bewusstlosigkeit und also im strikten Sinn gar kein Bewusstsein, sondern nur das reine Gefühl sein, nicht, nicht mehr oder noch nicht zu sein – es muss als dieses schiere Gefühl des eigenen Nicht lauterer Schmerz sein. Da jedoch Substanzialität und ihr Wissen in der klassischen Philosophie, wie Hegel sie deutet, oberste Bestimmungen der Gottheit Gottes sind, muss der Schmerz des Bewusstseins, kein Bewusstsein zu sein, die äußerste Form der Verlassenheit von Gott annehmen, und zwar der Verlassenheit auch Gottes von Gott. Da dieser Gott überdies allein in der Gestalt des *logos* und derart als *Wort* sich ausspricht, kann Hegel seinen Verlust in dem *harten*, Gott verabschiedenden *Wort ausgesprochen* – und das heißt: bis ans äußerste Ende des Sprechens gesprochen – finden, *dass Gott gestorben ist*. Das *harte Wort* lässt sich hier verstehen als unabwendbares und unauflösliches Wort gegen das Wort, das Gott ist, als das Wort ›Schmerz‹, als *algos*, in dem der *logos* vom *logos* sich scheidet. Onto-theologie verfällt mit ihm in Onto-theo-algie.

Hegel lässt keinen Zweifel daran, dass der Tod Gottes keine Selbstopferung zugunsten seiner Geschöpfe und keine Tilgung von Schulden ist, die diese zu verantworten hätten. Auch ist Gott nicht deshalb gestorben, weil er in eine ihm unangemessene menschliche Erscheinung getreten wäre und sie wieder hätte ablegen müssen wie ein schlecht sitzendes Kleid; Gott ist nicht deshalb tot, weil er im Dasein eines Menschen nur sein eigenes mächtigeres Sein hätte andeuten wollen, um sich sodann aus seiner Erscheinung und seinem darin angezeigten Wesen wieder in die Sicherheit eines *deus absconditus* zurückzuziehen. Tot ist Gott aus keinem dieser Gründe, weil jeder von ihnen unterstellt, Gott sei für das Bewusstsein unzugänglich und zugleich etwas, von dem jedes Bewusstsein annehmen könne, dass es ist. Die genannten Deutungen fallen in die Widersprüche des stoisch-skeptischen oder ›unglücklichen‹

Bewusstseins zurück, indem sie die Erfahrung dieser Widersprüche nicht als Erfahrung ihres eigenen Abschieds von sich, nicht als Erfahrung des Todes des Bewusstseins und des in ihm Gewussten begreifen. Der Tod Gottes ist jedoch nichts anderes als die Erfahrung, die das Bewusstsein mit sich als ihm selbst nicht Bewusstem macht. Er ist das harte Faktum der strukturellen Bewusstseins- und Wesensunfähigkeit des Bewusstseins selbst. Dieser Tod – und in ihm jeder – ist unbewusst. An ihm wird dem Denken kenntlich, dass es unfähig ist, den von ihm, wie implizit auch immer, erhobenen Anspruch zu genügen, sich selbst als seinen ersten und substanziellen Sachverhalt zu erfassen. In seinen »Vorlesungen über die Philosophie der Religion« sagt Hegel in diesem Sinn: *Gott ist gestorben, Gott ist tot – dieses ist der fürchterlichste Gedanke, dass alles Ewige, alles Wahre nicht ist, die* Negation selbst in Gott *ist; der höchste Schmerz, das Gefühl der vollkommenen Rettungslosigkeit, das Aufgeben alles Höheren ist damit verbunden.* (VPhR II, 291) Es ist der *fürchterlichste* Gedanke, da er das Ende des Denkens zu denken fordert; der *höchste* Schmerz, da er ein Gefühl für nichts, das sich noch fühlen ließe, erzwingt.

Genau dies ist die Erfahrung, die das Bewusstsein mit sich macht: kein Bewusstsein von einem Gegenstand und keines von sich selbst zu sein, eine Erfahrung ohne erfahrbares Substrat zu machen, die Erfahrung machen zu *müssen*, keine Erfahrung machen zu *können*. Die Möglichkeit dieser Unmöglichkeit begründet Hegel mit einem relativ abstrakten Argument, wenn er vom skeptischen Bewusstsein schreibt: *Es spricht das absolute Verschwinden aus, aber das Aussprechen* i s t *, und dies Bewusstsein ist das ausgesprochne Verschwinden* (PhG, 157). In diesem Argument, das für alle gleichsinnigen das Schema formuliert, wird das Aussprechen des Verschwindens als Seiendes gedeutet, ohne dass eigens hinzugefügt würde, dass es *als* dieses Aussprechen *sein* nur kann, wenn es auch vernommen und im Vernehmen durch *Andere* festgehalten und vor dem Verschwinden gerettet wird. Das *absolute Verschwinden* ist wie im Fall des skeptischen Bewusstseins auch im Tod Gottes – des Subjekts und der Substanz schlechthin – nicht nur ein *ausgesprochenes Verschwinden*, es ist ein solches, das im Vernehmen durch einen Anderen als Verschwundenes gerettet und in der Erinnerung bewahrt wird. Um diese Rettung des Todes vor dem Tod und über ihn hinaus zu begründen, ist Hegel also genötigt, das Bewusstsein von einem anderen Bewusstsein, dem *Selbstbewusstsein*, begleitet und in diesem als *in seinem Anderssein* erhalten zu denken. *Selbstbewusstsein* ist die Aufbewahrungs- und Erinnerungsstätte des gestorbenen Bewusstseins in einem, in *seinem* anderen Bewusstsein, das allein als das seinige *Selbstbewusstsein* heißen kann. Was zunächst als Tod Gottes – des Bewusstseins als Subjekt und Substanz – erschien, erweist sich als im Selbstbewusstsein bewahrter und überlebter Tod, der in seiner Verallgemeinerung in jedem Sinn ›aufgehoben‹ ist. Hegel braucht also, um den Tod ›aufgehoben‹ und um ihn *sein* zu lassen, einen Anderen und dessen *Anderssein*, für den jener Tod nicht tödlich, das Bewusstsein nicht gegenstandslos, die Substanz nicht leer, vielmehr eine gegenständliche Leere und eine gewusste Gegenstandslosigkeit ist.

Um einen ›aufgehobenen‹ Tod denken zu können, muss Hegel einen vermittelten, einen sprachlich begriffenen und verallgemeinerten, einen kommunikativen Tod denken, der von einem Anderen erlitten wird und deshalb kein *wirklicher* Tod ist. In diesem Sinn kann er von dem Tod eines Besonderen oder Einzelnen schreiben: *Dies* stirbt *daher nicht wirklich, wie der* Besondere vorgestellt *wird,* wirklich *gestorben zu sein, sondern seine Besonderheit erstirbt in seiner Allgemeinheit, d.h. in seinem* Wissen, *welches das sich mit sich versöhnende Wesen ist.* (PhG, 545) Mit dieser Wendung vom wirklichen *Sterben* des Besonderen zum *Ersterben* in seiner Allgemeinheit wird der Tod aus einem singulären Geschehen, das weder ein Sich-Aussprechen noch ein Vernehmen und somit kein *in seinem Anderssein sich erhaltendes Wissen* kennt, konvertiert in einen gewussten, ausgesprochenen und vernommenen Tod für Andere, für eine Gemeinde, eine Kirche, eine Welt und derart für ein *Wesen*, das sich mit sich als gewusstem versöhnt. (PhG, 160) Das Sterben ist im *Er*sterben überlebt. Der Tod ist als Tod für Andere und in der Erinnerung Anderer ein Sieg über den Tod. Der Schmerz ist bloß der Trennungsschmerz von einem singulären und in seiner Singularität zufälligen Bewusstsein und verwandelt sich für das *Selbstbewusstsein* in Lust. *Der Schmerz, den das Endliche in dieser seiner Aufhebung empfindet*, so heißt es in Hegels *Vorlesungen über* *die Philosophie der Religion, schmerzt nicht, da es sich dadurch zum Moment in dem Prozeß des Göttlichen erhebt.* Und zur Besiegelung dieses Gedankens zitiert er zwei Verse aus Goethes *West-östlichem Divan*: *Sollte jene Qual uns quälen, / da sie unsre Lust vermehrt?«* (VPhR II, 273f.)

Der Tod Gottes soll sich also für den Geist in seiner Gemeinde amortisiert und der höchste Schmerz in höhere Lust verwandelt haben. Dieser Affekt- und Bewusstseinswandel wird von Hegel mit dem Satz begründet: *der Tod* [– nämlich der des einzelnen *göttlichen Menschen* –] *wird von dem, was er unmittelbar bedeutet, von dem Nichtsein dieses Einzelnen verklärt zur Allgemeinheit des Geistes, der in seiner Gemeine lebt, in ihr täglich stirbt und aufersteht.* (PhG, 545) Sieht man von der Frage ab, ob der Tod eines Einzelnen oder Besonderen eine Bedeutung und überdies eine unmittelbare Bedeutung haben kann, wenn er nicht schon durch eine minimale Allgemeinheit vermittelt und derart zur Sprache des Begriffs gebracht ist, bleibt doch die andere Frage, ob das *Nichtsein*, wie Hegel unterstellt, *bedeutet* werden kann, ohne als eben dieses Nichtsein negiert zu werden. Von dieser Negation des Nichtseins durch die Bedeutung gibt Hegel keine Rechenschaft, aber auf sie ist die gesamte Struktur dialektischer Negativität aufgebaut. Würde eingeräumt, dass sich dem Nichtsein, das der Tod ist, keine Bedeutung zusprechen lässt, dann würde damit zugleich eingeräumt, dass dieses Nichtssein unnegierbar, also imprädikabel, also keiner Gemeinschaft zugeführt und keiner als Grund dienen kann. Doch auf genau dieses unnegierbare und bedeutungsfreie Nichtsein bleibt Hegels Postulat der Verklärung des Todes zur Allgemeinheit des Geistes angewiesen, denn allein durch die Negation dieses Unnegierbaren und durch die Belehnung des Bedeutungsfreien mit einer Bedeutung kann es ein distinktes Phänomen für Andere, für eine Gesellschaft und eine Welt, und kann es ein Phänomen des Geistes werden.

Hegel muss implizit die Unnegierbarkeit des Todes behaupten, um explizit seine Negierbarkeit behaupten zu können. Die implizite Behauptung muss jedoch eine Negationsresistenz und Infra-Negativität des Todes einräumen, durch die die explizit behauptete Negation operationsunfähig werden muss. Es muss für ihn zwei Tode geben, einen nicht-dialektisierbaren und einen spekulativ-dialektischen: einen Tod, der, weil nicht-bewusst und unbenannt, nicht gestorben und nicht erlitten werden kann, und einen anderen, der, weil bewusst und benannt, nicht wirklicher Tod, sondern eine Lust des Geistes ist –, aber zwischen diesen beiden Toden und Nicht-Toden kann keine Dialektik der Negation vermitteln, ohne darüber selbst undialektisch zu werden. Wie es zwei Tode geben muss, so auch zwei Schmerzen, von denen der eine, der geistige Schmerz der Allgemeinheit, kein wirklicher ist und sich in die Freude des Selbstbewusstseins verwandelt, von denen jedoch der andere, den Hegel nicht mehr erwähnt, der wirkliche, ein Schmerz ohne Anderen, ohne Sprache und Erinnerung und ein Schmerz ohne Substanz, weil ohne Bestand, sein müsste: der Schmerz dessen, der keinen Sinn für den Schmerz hat, dem aber mit dieser *aisthesis* auch deren noetisches Korrelat, der Begriff für den Schmerz und dessen objektives Dasein abgeht. Dieser Schmerz ohne Schmerz wird von Hegel übergangen, weil er nicht *ist*, und wird als bloßer Übergang in den geistigen Schmerz gedacht, in den denkbaren, dessen Andenken von Anderen bewahrt werden kann. Um jedoch auch nur Übergang sein zu können, muss er als eine wirkliche Unwirklichkeit geschehen, die noch im Gang seiner Vergeistigung ungeistig bewahrt bleibt.

Hegel kann den Tod nicht anders denn als in sich gespaltenen denken – noch kann es irgendjemand Anderem gelingen, ihn anders zu denken –, denn schon von einem ›Nichtsein‹, einer ›Unwirklichkeit‹, von ›Tod‹ zu reden, verkehrt sie in ein Sein, eine objektive Allgemeinheit und lebendige Erfahrung, die sie nicht sind. Was ›Tod‹ genannt wird, kann als derart benannter schon nicht mehr ›wirklicher‹ Tod eines Einzelnen, nicht mehr *dieser* Tod *dieses* Einzelnen, sondern nur allgemeiner ›Geist‹ eines Todes für eine Gemeinschaft sein. Er kann jedoch, anders als Hegel will, nicht einmal mit ausweislicher Gewissheit der ›Geist‹ *dieses* Todes oder eines besonderen Toten, *dieses* Toten, sein, wenn er doch Geist von dessen Nichtsein sein soll und dieses Nichtsein kein Kriterium dafür zu bieten vermag, dass ihm irgendeine Benennung als die *ihm* zugehörige entspricht. Wie der Name und der Begriff, so kann die Erinnerung, die Hegel als *Er-innerung*, als Internalisierung versteht (PhG, 564), sich an kein Merkmal dieses besonderen Nichtseins heften, das sie als *dessen* Name, als die

Er-innerung *dieser* Nicht-Erfahrung beglaubigen würde. Die *Zauberkraft* (PhG, 30) oder Mechanik der Vermittlung, auf die Hegel sich hartnäckig beruft, versagt oder wird zu einem Effekt bloß einer Allgemeinheit ohne Besonderes und ohne Einzelnes und ohne die von ihr behauptete Konkretion, sie wird zum Effekt einer Allgemeinheit ohne Tod und ohne Schmerz, sobald das Nichtwissen des Nichtseins zu dem *in seinem Anderssein sich erhaltenden Wissen* umspringen soll (PhG, 545). Wenn es kein allgemeines Kriterium für die Singularität von Nichtwissen und Nichtsein geben kann, dann kann es auch dafür kein Kriterium geben, dass das *Anderssein* des Anderen – ob des sozialen Anderen oder des Anderen des Bewusstseins im Selbstbewusstsein – *sein* Anderssein ist und dass in diesem das Wissen vom Nichtwissen des Einzelnen *sich* erhält. Da die Zuschreibungslogik – und das ist die Logik der possessiven und reflexiven Verhältnisbestimmungen – in diesem entscheidenden Fall versagen muss, beruft Hegel sich auf die *Vorstellung* vom Einzelnen und seinem Nichtsein; da er diese *Vorstellung* jedoch als eine notwendige Verdeckung des Einzelnen deutet, kann diese Verdeckung wiederum keine distinkte Zuordnung zu *seinem* Verdeckten erlauben – zumal dann nicht, wenn dieses Verdeckte *nicht ist*.

Die Nichtsubstanzialität des Subjekts – sein Nichtwissen und Nichtwesen, das vom *harten Wort*, dass Gott gestorben ist, ausgesprochen wird – kann in keinem Selbstverhältnis jenes Subjekts fundiert sein, es kann aber auch in keiner Übertragung auf *sein* Anderes und *sein* Anderssein resultieren und in diesem *sich* erhalten und aufheben. Mit dem Tod – *wenn wir*, so schreibt Hegel in der Vorrede zur *Phänomenologie*, *jene Unwirklichkeit so nennen wollen* (PhG, 29) – erlöschen die possessiven und reflexiven Bestimmungen und sind reappropriierbar allein unter dem harten Vorbehalt, dass sie im Zuge dieser Reappropriation realterierte Bestimmungen werden, die das Anderssein zu einem anderen als *seinem* Anderssein werden lassen, in dem nichts – und auch das unnegierbare Nichtsein – als das *sich* erhält, was es vor jenem Tod gewesen sein soll. Der Tod, jene sogenannte *Unwirklichkeit*, und der Schmerz, den er zufügt, sind keine Gegenstände der Reflexion, der Possession oder Propriation. Sie können nicht anders, als reflexionsimmun und inassimilierbar zu bleiben, und bieten sich allein darum der obsessiven Reflexion und Assimilation dar. Aber sie bleiben nicht als Substanz der Subjektivität, sondern als deren Vakanz das Zentrum der spekulativen Philosophie, drängen sich nicht als logische Konsequenz, sondern alogische Inzidenz dem Denken auf, und bieten ihm einen Widerstand allein, weil sie ihm jeden Anhalt entziehen.

Dass jener singuläre und deshalb irreflexive und spekulationsresistente Schmerz noch in der spekulativen Rückwendung der christlichen Welt auf *ihren* toten Gott fortdauert, wird in Hegels Darstellung daran deutlich, dass auch die offenbare, die christliche Religion nicht die letzte Gestalt des Geistes ist. Sie muss eine Religion der Trauer über ein Nicht-mehr- und des Wartens auf ein Noch-nicht-

Sein, muss also eine Religion des, wie auch immer modifizierten, Schmerzes darüber bleiben, dass *ihr* Toter *ihr* nicht gehört und ihr *eigener* Tod ihr *selbst* nicht gegenwärtig ist.

Der reflexionsunfähige Schmerz, der das Bewusstsein und ›sein‹ Wesen, das dialektische Subjekt und ›seine‹ Substanz fortgesetzt beunruhigt, bleibt also auch in der christlichen Welt der grundlose Grund für die noch unbeantwortete Frage nach dem, was der Mensch sei, was er wissen könne, hoffen dürfe, tun solle. Diese Frage der vorchristlichen Welt bleibt in der christlichen Welt, wie Hegel sie darstellt, bewahrt. Nur hat sie sich verwandelt in die unstoische und mehr als skeptische Frage, *ob* er überhaupt und in welchem Sinn er sei, und was Können, Dürfen und Sollen unter den Bedingungen dieser Frage nach dem Ob noch bedeuten – und *ob* sie etwas bedeuten. Diese Frage durchkreuzt nicht nur den Gang der objektiven Erfahrung des Bewusstseins in seiner Geschichte, sie öffnet sich auf den leeren Grund dieser Geschichte und umreißt weniger eine innergeschichtliche *Empfindung* als vielmehr die *Entfindung* schlechthin: den Schmerz, dessen Sein anderes ist als das jeweilige *Seine* und dessen Negation in ihm nicht *ihr* Negat finden kann. Diese Ent-findung wäre die eines Niemand, sie wäre die *Ent-fahrung*, immer auch nicht und nirgends zu sein.

7.
Il ne sait ce qu'il dit
(Valéry 1895–1945)

Il toussa. Il se dit: »Que peut un homme? … Que peut un homme! …« Il me dit: »Vous connaissez un homme sachant qu'il ne sait ce qu'il dit!«[*] Der hier hustet und zu sich selbst und zu einem Besucher spricht, trägt den Namen Monsieur Teste. In dem ersten Text, den Paul Valéry 1895 dieser Gestalt gewidmet hat, *La Soirée avec Monsieur Teste,* ist bereits zuvor kurz von einem Leiden Testes die Rede – *Il fit allusion à d'anciennes douleurs* (P II, 22) –, der letzte, fünfzig Jahre später, 1945, verfasst, handelt beinahe ausschließlich von Schmerzen. Diese Schmerzen, die sich in einem Husten bemerkbar machen, unterbrechen den Fluss der Konversation, aber auch das Kontinuum zwischen dem Reden und dem Wissen von diesem Reden. Ein anderer Sokrates, weiß Teste, dass er nicht weiß, präziser als Sokrates weiß er, dass er nicht weiß, was er sagt. Wissen und Sprechen sind bei ihm geschieden, und zwar so weit voneinander geschieden, dass auch die Aussage, er wisse, dass er nicht wisse, was er sagt, von diesem Unwissen befallen und in eine Reihe von Hustenanfällen münden kann: Äußerungen, jedoch keine konsistenten Aussagen, an denen er selbst oder sein Adressat eine Erkenntnis gewinnen könnte. Diese Differenz

---

* Paul Valéry, *Œuvres II (Pléiade)*, Paris 1960, S. 23 – in Folge im Text zitiert mit der Sigle P II.

zwischen Wissen und Sprache, zwischen Wissen und Wissen und Sprache und Sprache, ist nicht ein passagerer Infekt an einem im Übrigen kerngesunden kognitiven und sprachlichen Organismus, sondern offenkundig die endogene Pathologie des Bewusstseins, als das Teste spricht. *Conscious – Teste, Testis*, so vermerkt ein späteres Segment des Teste-Zyklus und spielt damit auf dessen Bedeutung ›Kopf‹ und ›Zeugungsorgan‹ an, aber auch: *M. Teste est le témoin* (P II, 64). Teste ist Zeuge und, im Wortsinn, Märtyrer eines Bewusstseins, das seiner selbst und seiner Äußerungen nicht mächtig ist. Wenn dieses Bewusstsein weiß, dass es nicht weiß, was es sagt, dann ist es ein entzweites, zerrissenes Bewusstsein, fast im Sinn des unglücklich skeptischen Bewusstseins, von dem Hegel handelt, aber ein Bewusstsein, dem es versagt bleibt, sich von seinem Leiden im Wissen von seinem Nichtwissen zu kurieren. Es gibt für Teste keine Therapie, die nicht selbst pathologisch wäre. Die alten Schmerzen, an denen er leidet, sind auch seine gegenwärtigen und werden seine künftigen sein, so viel ist jetzt schon absehbar, denn sie sind Schmerzen der Antizipation: *Sachez que j'avais prévu la maladie future.* (P II, 25) Tests Leiden sind jedoch nicht Leiden an einer regionalen, durch ein vorgegebenes Objekt ermöglichten Antizipation, sie sind die Leiden der *attention* insgesamt, der Hinsicht, der Aufmerksamkeit, der Erwartung, und sind also die Leiden nicht eines speziellen Bewusstseins, sondern des Bewusstseins überhaupt, sofern es Bewusstsein *von* und Achten, Hinspannung, Intention *auf* etwas ist. Unter dieser kohärenzstiftenden Attentionalität muss aber die Kohärenz nicht nur zwischen Bewusstsein und Sprache, sondern auch noch die zwischen Bewusstsein und Sein und überdies die Konsistenz des Seins selbst zerfallen.

Il souffrit. / »Attendez ... Il y a des instants où mon corps s'illumine ... C'est très curieux. J'y vois tout à coup en moi [...] *je sens des zones de douleur* [...], *cette géométrie de ma souffrance* [...]. *– Ma douleur grossissante me force à l'observer. J'y pense ! – Je n'attends que mon cris,* [...] *et dès que je l'ai entendu – l'*objet, *le terrible* objet, *devenant plus petit, et encore plus petit, se dérobe à ma vue intérieure* [...]« (P II, 24f.) Der Schmerz zwingt dazu, ihn zu denken, wird selbst der Zwang des Denkens und zugleich dessen Objekt, zwingt also das Denken, sich als Objekt ihm selbst zu präsentieren, konzentriert sich in einem Schrei, *dem* schrecklichen Objekt schlechthin – und entzieht sich. Die Attention des *j'y pense* ist im Schrecken als dem äußersten Schmerz auf sich selbst gestoßen und hat sich von diesem, dem Denken in seinem Schmerz, als einem intentional Unfassbaren sogleich zurückgezogen. Der Schmerz ›selbst‹ und das Denken sind am Punkt ihrer absoluten Indifferenz in eine Eklipse getreten, die in Valérys Text als *cris* bezeichnet und sodann vom Dreipunkt einer Ellipse, von *points de suspension*, markiert wird. Der Gedanke des Schmerzes ist kein prädikationsfähiges, gegenständliches, empirisches Objekt unter anderen, sondern ›Objekt‹ nur als Privation aller Objekte, Gedanke des Entzugs aller Gedanken, damit jedoch auch dasjenige, was allein in der

Weise ist, dass es – für sich – nicht ist. Deshalb kann Teste, sich selber entgleitend, im Einschlafen murmeln, er werde wie vom Schmerz bestohlen: *je suis volé, – comme par la douleur* … (P II, 25). Schmerz ist für ihn eine einzige und unabweisbare – eine, in diesem Sinn, transzendentale – Existenzmarkierung, aber markiert ist mit ihr die Existenz seiner Inexistenz.

In derselben Schmerz-Szene wird die Frage »*Que peut un homme?*«, die dem Husten folgte, noch einmal aufgeworfen und ein zweites Mal beantwortet: *Je combats tout, – hors la souffrance de mon corps, au delà d'une certaine grandeur,* und dieses Eingeständnis, dass der körperliche Schmerz die Schranke seines Könnens – die Schranke also jedes Bewusstseins, jedes Gedankens und jedes attentionalen Verhaltens – ist, wird sodann, in einem zweiten Schritt, zu dem Eingeständnis erweitert, Bewusstsein, Aufmerksamkeit und Denken seien die Schranke ihres ›eigenen‹ Vermögens: *Car, souffrir, c'est donner à quelque chose une attention suprême* […]. Wenn Bewusstsein jedoch Leiden ist, dann ist es das Leiden, nicht zu sich selbst, nicht zur Fülle des Bewusstseins im Selbstbewusstsein, nicht zur Selbstgegenwärtigkeit kommen zu können – und somit auch nicht zur Gegenwart des Leidens ›selbst‹. Einschlafend kann Teste noch bemerken: *Je suis étant, et me voyant; me voyant me voir, et ainsi de suite* … (P II, 25) Die Wendung vom Sich-sehen-Sehen, die zwanzig Jahre später in *La Jeune Parque* entfaltet wird, besagt hier, und auch dort, dass das seiende Ich, das sieht, wie es sich sieht, seinerseits von einem weiteren Ich gesehen werden muss, das wiederum auf einen vierten, fünften *et ainsi de suite* … und mithin auf eine Unendlichkeit von Bewusstseinsblicken verwiesen ist, deren keiner sich hinreichend sehen und im Sehen als seiender – als *étant* – vorstellen und feststellen lässt. Die Formel der Unendlichkeit des Bewusstseins ›Teste‹ – sie ist zugleich die der Unendlichkeit seines Schmerzes – lässt sich deshalb, wenn auch nicht ohne Härte, als *je suis … de suite* fassen: als eine Unendlichkeit von diskontinuierlichen Brüchen, deren keiner der Bruch, keiner der Blick, das Wissen oder das Wesen, das Vermögen oder auch nur das Unvermögen des Menschen, deren keiner mithin der Schmerz *selbst* und *als solcher* sein kann. Die Unendlichkeit, die dem Subjekt und der Substanz ›Schmerz‹ zugemutet werden müssen, um sich selbst erfassen zu können, kann nur Bruchstück einer Unendlichkeit bleiben, das sich zu einem Ganzen nicht komplettieren lässt. Deshalb bleibt das Denken, das sich dem Schmerz und in diesem sich selbst zuwendet, von Anfang an hinter sich selbst zurück und sich selber voraus, von sich als einem anderen Denken und einem anderen Schmerz isoliert. Denken, Bewusstsein, Erkenntnis und Sprache sind derart strukturiert, dass keines von ihnen eine Gewähr dafür zu bieten vermag, dass sie *sind* und *seiend* sind. Sie öffnen sich auf ihr Sein, und der Schmerz ist nichts als diese Öffnung, doch *als* Öffnung liegt er jedem Sein und noch jeder Möglichkeit zu ihm voraus.

Damit ist die Frage: ›Was kann ein Mensch, was vermag er?‹, obgleich indirekt, beantwortet: Er kann, er vermag sich selbst nicht und vermag nicht einmal sein Unvermögen. Teste, der diese Frage nicht nur stellt, sondern sie ist, ist unmöglich. Valéry nennt ihn ein Monstrum, einen Hippogryph, eine Chimäre der intellektuellen Mythologie. Seine Frage: *Pourquoi M. Teste est-il impossible ?*, findet nur die Antwort: *Car il n'est point autre que le démon même de la possibilité.* (P II, 14) An keiner Stelle in der Reihe seiner Möglichkeiten steht Teste, weil er mit seinem Schmerz diese Reihe allererst eröffnet und deshalb innerhalb ihrer *un*möglich und der bloße Dämon bleibt, der alles Mögliche verunendlicht und abbricht. Valérys letzte Bemerkung aus dem Jahr seines Todes zu Monsieur Teste lautet: *Fin intellectuelle. Marche funèbre de la pensée.* (P II, 75)

In den *Extraits du Log-Book de Monsieurs Teste* heißt es schon lange vorher: *C'est ce que je porte d'inconnu à moi-même qui me fait moi.* (P II, 40) Wenn das, was das Ich zum Ich, das Bewusstsein zum Bewusstsein und den Schmerz zum Schmerz macht, unbewusst bleibt, dann ist Schmerz immer mehr als Schmerz, immer *anderes* als Schmerz und immer *anders* als jeder benennbare und erkennbare Schmerz; dann ist er der *andere* Schmerz oder Schmerz eines *Anderen*, der von Teste, dem Zeugen, bloß bezeugt, jedoch nicht als der *seine*, nicht *ihm* als ein Possessivum zuschreibbarer Schmerz bezeugt werden kann. *Songe-t-on le sens de ce mot: Mon poids !*, heißt es deshalb mit dem Addendum: *Quel possessif ! …* (P II, 64) Teste weiß, dass er nicht weiß, was er sagt, aber er weiß damit zugleich, dass weder das, was er weiß, noch das, was er sagt im strikten

Sinn ihm selbst als sein Eigenes angehört. Es gehört, und dafür zeugt er, einem *anderen* als dem benennbaren, einem anderen auch als dem negierbaren, einem egologisch, mithin auch ontologisch irreduziblen ›Schmerz‹ an, für den keines das rechte Wort, keins das gemäße Gefühl und keiner der geeignete Träger sein kann.

Fin intellectuelle. Marche funèbre de la pensée. Dieser Gedanke – und jeder – schließt nicht aus, er legt vielmehr nahe, dass er und mit ihm ›der Mensch‹, der ihm nachgeht, vielleicht auf der falschen Beerdigung ist.

23. März 2016

Editorische Notiz

Beide hier versammelten Texte Werner Hamachers erscheinen erstmals in deutscher Sprache.

Der Schmerz des Begriffs, christlich gibt die letzte, auf den 22.09.2007 datierte Fassung des Textes wieder. Im Literaturarchiv Marbach finden sich zudem frühere Entwicklungsstufen wie auch ins Englische übersetzte Versionen, die von Werner Hamacher 2016 unter dem Titel *Hegel's Pains* beim Colloquium »Philosophy's Moods« an der Tel-Aviv University sowie 2017 als Vortrag im Rahmen eines Seminars an der Universität von Mexico City vorgetragen wurden.

Andere Schmerzen wurde von Werner Hamacher in Teilen auf Basis einer durch Ian Alexander Moore besorgten englischen Übersetzung am 15. April 2016 an der NYU, New York vorgetragen. Die englische Fassung des hier abgedruckten Textes findet sich publiziert in *Philosophy Today*, 61, 4 (2017). Aus einer knappen Skizze ist ersichtlich, dass Werner Hamacher plante, seine Reflexionen auf Autoren wie Rilke, Michaux und Artaud auszudehnen.

Die vorliegenden Texte wurden lediglich behutsam orthographisch korrigiert und vereinheitlicht, die von Hamacher gewählte kursive Darstellung von Zitaten beibehalten und die knappen Verweise, wo nötig, geringfügig ergänzt.

Der Verlag dankt sehr herzlich Shinu Sara Ottenburger für wertvolle Hinweise und ihre freundliche Erlaubnis zur Publikation.

Werner Hamacher

Mit ohne Mit

ISBN 978-3-0358-0332-7 – 384 Seiten – Broschur

Werner Hamachers Denken war stets ein solches in Relationen, Verhältnissen, Bezügen, Beziehungen – und dies sowohl in der Dimension der Fülle wie der des Mangels. Präpositionen wie »hier«, »zwischen«, »mit«, »ohne« nehmen in seinen Schriften daher einen bedeutenden Raum ein. Die hier vorliegende Textsammlung trägt im Titel denn auch die doppelte Verschränkung eines »mit« in der Kopplung zu einem grundlegenden Mangel.

Der Band vereinigt bislang in deutscher Sprache noch unpublizierte Texte zu Denkfiguren u.a. von G.W.F. Hegel, Martin Heidegger, Emmanuel Levinas oder Jacques Derrida und zeugt von der großen Nähe zu Jean-Luc Nancy, dessen Denken des »Mit-Seins« Hamacher hier in mehreren Texten einer ebenso genauen wie leidenschaftlichen Lektüre zuführt.